AF451207

ACARICIA tu MUNDO

Prólogo de LAIN, autor del bestseller LA VOZ DE TU ALMA

Esperanza Sebastián

ACARICIA tu MUNDO

DESCUBRIRÁS QUE EL CAMINO DE LA VIDA SE PUEDE *VIVIR* DE OTRA FORMA

Título: *ACARICIA TU MUNDO*
© 2020, Esperanza Sebastián Lozano

Autoedición y Diseño: 2020, Esperanza Sebastián Lozano

Primera edición: febrero de 2020
ISBN-13: 978-84-18213-50-2
TF 340-2020

*A ti, papá, que sin estar
sigues estando a mi lado.
Gracias*

PRÓLOGO DE LAIN GARCIA CALVO

Trátate con cariño y atención, entonces tu alma se calentará, desplegará sus alas y volarás muy alto.

Todo se crea de dentro hacia fuera. La gente ha pensado que lo de fuera existe por sí mismo, pero no se ha dado cuenta que todo eso son creaciones.

¿De quién?

De ellos mismos. De todos.

No somos creadores, somos cocreadores. Esto significa que entre todos creamos lo que percibimos a través de los sentidos. De ahí la importancia de estar bien rodeado, pero más importante aún es trabajarse a uno mismo.

Si la vida empieza y termina en ti, si eres el Alpha y el Omega de tu creación; entonces vale la alegría prestarle atención a ese mundo interior del que se origina todo. Esa es la causa original que genera todos los efectos que ves.

Nada ocurre por casualidad en nuestras vidas, sino por CAUSAlidad, por sincronicidad, por principio de causa y efecto. Las cosas llegan por propósito.

Por eso, si estás leyendo este libro, significa que contiene la información que necesitas para llevar tu vida al siguiente nivel.

¡Aprovéchalo!

Gracias Esperanza por escribirlo y a ti, amado lector, por leerlo.

LAIN, autor de la Saga de LA VOZ DE TU ALMA.

www.lavozdetualma.com

"La lectura de este libro es una caricia para el alma. Está escrito desde la experiencia y, con su lenguaje claro y cercano te invita a hacer tu propia experiencia de crecimiento y superación"

Montse H. P

"Este libro te permitirá aprender a ser más feliz porque, a parte de ser muy didáctico, te hará reflexionar y decidir qué camino quieres emprender en la vida, sin juzgar tu actitud ante la misma y ante los demás".

Cristina P. F

"Esta obra de crecimiento personal te ofrecerá la oportunidad de descubrir muchos aspectos de ti en los que nunca has pensado o no has sido consciente y te dará la oportunidad de mejorar tu vida".

Federico P. E.

"Un libro digno de mención para aquellos que quieran descubrirse a sí mismos y la infinidad de posibilidades que tenemos a nuestro alcance para seguir creciendo como personas".

Andrés J. S.

ÍNDICE

INTRODUCCIÓN

ACARICIA TU MUNDO es tu libro.

LA VIDA ESTÁ HECHA PARA LOS VALIENTES, para las personas que miran hacia delante; personas que miran hacia la luz y dejan a sus espaldas las sombras.

Puede ser que ya hayas comenzado tu camino de crecimiento personal, o puede ser que sea el primer libro de este contenido que cae en tus manos… sea como sea, **eres una persona que busca, que quiere pasar por la vida dejando huellas de plenitud** porque tú quieres para ti esa vida plena.

Estamos llamados a VIVIR con mayúsculas y solo se puede vivir así si entras dentro de ti y vas descubriendo todo el poder que ya tienes. Los recursos que te propondré en los diferentes capítulos te ayudarán a descubrir que es posible **VIVIR marcando la diferencia**. ¿Te apuntas?

Este libro ha nacido de la necesidad de compartir, contigo y con el mundo, mi descubrimiento de que podemos cambiar la vida, que somos dueños de nuestra vida y de que estamos llamados a **vivir vidas significativas**.

Cada uno de nosotros recorremos nuestro **CAMINO**, y yo te digo en palabras de Ralph W. Emerson: ***"No vayas por donde el camino te lleve, ve por donde no hay camino y deja un rastro"***.

Estás llamado a ser grande, más de lo que te imaginas y no te puedes fallar a ti mismo.

Mientras recorres tu camino, día a día, irás sintiendo la satisfacción de ser cada vez más tú mismo, de sentirte autorrealizado y feliz de comprender tu mundo interior. Con los recursos que pongo a tu alcance descubrirás tu transformación personal: ***"Tu camino empieza en la puerta de tu corazón"***.

Encontrarás que el libro está distribuido en dos bloques bien diferenciados. La parte de contenidos y la parte de tu cuaderno personal.

Tu camino comienza... ahora es tu cuaderno personal y tiene la intención de que reflexiones sobre los aspectos que irás descubriendo en los diferentes capítulos. Es una parte importante que te ayudará a conocerte cada vez más. He optado por reunirlo en un solo bloque para que te sea más fácil acceder a él en cualquier momento y no tengas que buscar tus pensamientos en los diferentes capítulos. Todo estará recogido en un solo lugar.

ESperanza **SE**bastián **L**ozano

Te preguntarás qué significa este dibujo. Quiero explicarte y compartir contigo que simboliza el camino que cada uno de nosotros recorremos para llegar a nuestro interior y descubrir quiénes podemos llegar a ser. Ese crecimiento personal se expande hacia los otros para enriquecer sus vidas y, con ellas, la nuestra.

Si colocas el símbolo en vertical, aparece el número 9. En la Cábala, sabiduría ancestral que se remonta a la antigua Babilonia, este número es el número de Dios, del amor universal, de las leyes espirituales, de la eternidad, del servicio a la humanidad…

Quiero que este sea mi símbolo, mi metáfora, mi identificación.

Amigo caminante, si quieres conocerme, te espero en el primer capítulo.

ALICIA EN EL PAÍS
DE LAS MARAVILLAS

"*El Gato sonrió al ver a Alicia.*
- ¿Me podrías indicar, por favor, hacia dónde tengo que ir desde aquí?

- Eso depende de adónde quieras llegar –contestó el Gato.

- A mí no me importa demasiado adónde...-empezó a explicar Alicia.

- En ese caso da igual hacia dónde vayas –interrumpió el Gato.

-...siempre que llegue a alguna parte –terminó Alicia a modo de explicación.

-¡Oh! Siempre llegarás a alguna parte –dijo el Gato- si caminas lo bastante".

Lewis Carroll

QUIERO QUE ME CONOZCAS, VOY A PRESENTARME. TE CUENTO...

Mi camino empezó muchísimo antes de lo que yo fui consciente. Pero, posiblemente, esa inconsciencia me fue preparando para el momento en que de una manera más consciente (si es que a los 19 años lo eres del todo) abrí la puerta de mi corazón para iniciar una etapa de profundo compromiso.

A esa edad, creí que mi camino era ofrecer mi vida a los demás ayudándolos a encontrar el suyo hacia la felicidad. Así pues, ingresé en una Comunidad que compartía mis mismos objetivos, metas, ilusiones y desafíos.

Esa etapa de mi vida me ayudó a crecer como persona y a fortalecer muchos de los valores en los que ahora creo y practico.

Mirándolo desde la perspectiva que te da el tiempo, siento un agradecimiento profundo por todas las personas que en ese momento formaron parte de mi vida y me ayudaron con la suya a ser la persona que soy hoy.

Pero el tiempo pasa y, cada paso que iba dando, me encaminaba a una dirección nueva que yo ni siquiera sospechaba por aquel entonces.

A los 32 años me encontré con un primer bache en mi camino. Un tumor cancerígeno en una mama me paralizó sin saber cómo continuar. Sentí que mi vida se podía acabar y que mi camino había llegado a su fin. Tenía que dejar atrás todos mis deseos, metas, ilusiones…Todo se volvió gris. Fueron meses duros de recuperación, de una mastectomía, de una quimioterapia y de un tratamiento posterior. Fue un tiempo de interrogantes, dudas, incertidumbre…

En ese momento, me di cuenta de que un simple bache no podía interrumpir todo lo que estaba por delante. Pensé que esta enfermedad no iba a poder conmigo. Digo pensé pero creo que fue más **sentí que yo era mucho más que una enfermedad**. Que yo no me sentía identificada como una enferma sino como una persona que podía hacer lo que quisiera con lo que en ese momento tenía y, en ese momento, **lo que tenía era mi vida**. **Y por ella iba a luchar**.

No quería dar pena a nadie y, mucho menos, quería darme pena a mí misma. No hubiera sido justo, porque tuve la gran suerte de tener personas maravillosas que, durante esa situación, cuidaron de mí.

Mi espíritu de lucha me llevó a no dejar el trabajo. Durante las sesiones de quimioterapia acudía al hospital, reposaba un par de días o tres y me incorporaba nuevamente al trabajo. Muchas de esas personas maravillosas que he nombrado antes estaban en mi entorno profesional. Por aquel entonces, era maestra en un colegio de Educación Primaria y también compaginaba mi profesión con mi formación estudiando en la Universidad a Distancia (UNED) la carrera de Ciencias de la Educación, es decir, Pedagogía. Me presenté a todos los exámenes de las asignaturas en las que estaba matriculada y conseguí aprobarlas.

Sonará extraño, raro, no sé cómo explicarlo. Para mí, pasar por esta situación fue un momento de **crecimiento personal** muy grande. Cierto que se puede crecer de muchas maneras y yo no le desearía a nadie que fuera a través de una enfermedad como esta, pero **doy gracias por todo lo que aprendí.**

"Lo que no te mata te hace más fuerte".
Friedrich Nietzsche

La vida siguió llena de alegrías y satisfacciones. Llena de objetivos, proyectos y nuevo retos.

Desde siempre, mi pasión ha sido aprender. Aprender de la vida, de las personas, de los libros… y compartir lo aprendido. El mundo de la pedagogía me llevó al mundo de la psicología, no como estudiante, sino como aficionada. Y esta me llevó al mundo de la Programación Neurolingüística (PNL), de la Hipnosis y del Coaching.

Un mundo al que he dedicado muchos años de estudio y trabajo y que ha marcado en mi vida un antes y un después en mi desarrollo personal. Además, me ha ido guiando para encontrar mi propósito en la vida: ayudar a las personas a que disfruten de la **VIDA**, sean **FELICES** y descubran que pueden **HACER** y **SER** lo que quieran, sin **LÍMITES**. Ayudar a las personas en su crecimiento personal.

No quiero extenderme mucho ni hacerme pesada y, mucho menos, quiero darte la impresión de ser una gran heroína, todos hemos pasado dificultades en nuestra vida. Y seguro que si tienes este libro en tus manos es porque tú también crees que **de todas las circunstancias que aparecen en nuestro camino se puede aprender**.

¿Qué me dices?¿No es así?

Uy, uy, uy… ¿Otro socavón? Pero… ¿Qué pasa?

Debe ser que algo me faltaba por aprender… O como dice Lain García Calvo: "**El Universo manda sus más grandes batallas a sus más grandes guerreros y no elige a los preparados, ¡prepara a los elegidos a través de las dificultades!**".

Veinte años después del primer tumor, aparece otro en la otra mama. Vuelta a empezar el mismo proceso: mastectomía, quimioterapia, tratamiento inmunológico y tratamiento posterior con pastillas.

Y la vida sigue, mi vida sigue y estoy segura de que esto tiene un significado. Estoy dispuesta a este nuevo aprendizaje. **Yo elijo los pasos que quiero dar para continuar mi camino. Nada ni nadie se interpondrá entre mis sueños y yo**.

Y ahí estoy ahora, paso tras paso caminando por la vida que quiero tener y que ya he elegido. Mi deseo es que, al dar a conocer estas dificultades con las que me he encontrado y el modo en que las he superado, sirva para que muchas otras personas se den cuenta de que **tenemos la capacidad de elegir**. Que somos dueños y señores de nuestra vida. Que **quiero dejar mi huella** para que les sirva a otros a seguir adelante.

¡TÚ ERES EL HÉROE DE TU VIDA!

Solo puedo decir a día de hoy un enorme **GRACIAS.**

PRIMERA PARTE

PASOS PARA ENCONTRAR LA VIDA

1

¿QUÉ VAS A HACER?

> *"Nunca es demasiado tarde para ser la persona que podrías haber sido".*
>
> George Eliot

Amigo caminante

De todo lo que quiero explicarte y compartir contigo en este libro, este apartado es fundamental. Si esto no lo entiendes, no te servirá de nada. Pero no quiero que lo entiendas desde la razón, desde la cabeza, que al final se nos queda en el mundo de los pensamientos y alejado de la realidad. Quiero que des un paso más de comprensión, **quiero que lo entiendas desde el corazón.** Y no todo el mundo puede o quiere entenderlo desde el corazón.

Algunos pensarán que solo podemos comprender la realidad desde el intelecto, pero se equivocan. La única manera de entender es desde el corazón. Y como muy bien le dijo el zorro al principito:

-*"He aquí mi secreto, que no puede ser más simple: **sólo se ve bien con el corazón**; lo esencial es invisible a los ojos."*

(*El principito* de Antoine de Saint-Exupéry)

Si para ti esto es un poco raro o extraño te lo diré con otras palabras: la única manera de conocer verdaderamente la realidad, tu realidad, es desde lo más profundo de tu ser. **Ese lugar a donde nadie más puede llegar** y al que incluso tú, a veces, tampoco sabes cómo hacerlo.

¿Me estoy explicando?

"El corazón tiene razones que la razón ignora".
Blaise Pascal

Amigo caminante, si vas a comenzar este libro piensa que **tal vez encuentres lo que no buscas.**

¿A qué me estoy refiriendo? A que en este libro encontrarás **tu yo más profundo.** Lo que te llevará a ir descubriéndote a ti mismo y a descubrir tu propia identidad.

También puede ser que no estés interesado en estos aspectos tan profundos y busques temas más teóricos, también los encontrarás, aunque este no es el objetivo fundamental.

En la sociedad en la que vivimos es más fácil quedarnos en el pensamiento, en la parte racional, por toda la importancia que le damos al saber. Y ¡menos mal!, demos gracias por la posibilidad de formarnos, pero hemos dejado de lado esa otra parte de comprensión que no procede de la mente, sino de nuestro interior, esa parte más profunda de cada uno de nosotros que esta ahí y que, tal vez, no hemos llegado a descubrir. Te ofrezco **la oportunidad de que des un paso más en ese vivir para llegar a un VIVIR con mayúsculas**.

> *"La única persona en la que estás destinado a convertirte es la persona que decidas ser".*
>
> Ralph Waldo Emerson

Y me dirás, pero ¡si ya vivo!, ¿qué diferencia hay entre vivir y VIVIR?

La hay y mucha, aunque la diferencia sea solo una pequeña línea, casi transparente, está ahí. Aunque no la veamos, está ahí. Todos vivimos, evidentemente, y algunos podemos decir que hemos cruzado esa fina línea y estamos descubriendo lo que es VIVIR.

Pero también entiendo que otros digan:

- "Yo ya estoy bien con mi vivir",

- "la vida es así",

- "hay que aceptar las cosas como vienen",

- "es la vida que me ha tocado vivir",

- "me conformo con lo que tengo",

- "a estas alturas ya no puedo cambiar", …

y… lo entiendo. Está bien, está bien para ellos. No está bien para mí o para cualquier otro amigo caminante. La diferencia entre los "atrevidos" y los "conformistas" es que esa línea, casi imperceptible, puede llegar a paralizar. Y estás delante de ella y aunque no lo creas te sientes incapaz de dar un paso para traspasarla.

¡Sí, puedes reírte!

Puedes pensar: ¡vaya tontería me estás diciendo!.

Esto de las líneas que se ven, que si finas, que si delgadas, que si casi transparentes... Pues así es, el 99% de las personas no traspasan nunca esa línea. ¿Por qué?

Primero porque es muy fina y parece que no es un reto. Segundo porque casi no se ve. Te he dicho que es casi imperceptible y como no se ve, no sientes la necesidad de decir: ¡uy, doy un paso más!.

¿Vas a cruzar esta línea? ¿ No tienes curiosidad?

Si, en cambio, fuera una valla de dos metros en la que hubiera un cartel en el que pusiera:

¡De aquí en adelante, hay un mundo maravilloso!

¡Oh! Estoy casi segura de que buscarías la manera de saltarla. Quizá tampoco hace falta saltar…, puedes coger una escalera ¿eh? Y estarías en tu mundo maravilloso.

Pero, ¿por qué? Porque ese anuncio prometedor ha llamado tu atención y das el paso, aunque luego llegues y digas: ¡vaya tontería!, me giro, doy marcha atrás, pero ya has saltado la valla.

En cambio, yo te estoy diciendo que esto es una línea muy fina casi imperceptible, que no se ve, y no hay ningún cartel que diga: *"con el siguiente paso estarás en tu mundo maravilloso"*. Es mucho menos atractivo pero no te quiero engañar…

¡TÚ ELIGES! Si quieres, yo te espero al otro lado de esa línea que juntos intentaremos hacer de ti y de tu mundo algo más maravilloso.

> *"Tus actuales circunstancias no determinan dónde puedes ir; se limitan a determinar por dónde empezar".*
>
> Nido Qubein

Pero, yo no te engaño con tentadoras promesas porque el camino de la VIDA con mayúsculas tiene sus retos y, al final, el paso lo has de dar tú. Y el seguir caminando, lo has de hacer tú. **Cada uno de tus pasos, aunque no sean fáciles, definen tu camino**.

Porque al final, **nuestro camino lo andamos cada uno**. Nunca hay dos caminos iguales. Te animo a que des el paso. **Yo iré a tu lado guiándote y dándote las herramientas que necesites**. Vence todas las resistencias que tengas: pensamientos negativos, sentimientos confusos, miedos, limitaciones, creencias… y **¡LÁNZATE!**

Te ofrezco este cuento de Jorge Bucay de su libro *Déjame que te cuente*.

"EL ELEFANTE ENCADENADO"

"Cuando yo era pequeño me encantaban los circos, y lo que más me gustaba de los circos eran los animales. Me llamaba especialmente la atención el elefante que, como más tarde supe, era también el animal preferido por otros niños.

Durante la función, la enorme bestia hacía gala de un peso, un tamaño y una fuerza descomunales...

Pero después de su actuación y hasta poco antes de volver al escenario, el elefante siempre permanecía atado a una pequeña estaca clavada en el suelo con una cadena que aprisionaba una de sus patas.

Sin embargo, la estaca era solo un minúsculo pedazo de madera apenas enterrado unos centímetros en el suelo. Y, aunque la cadena era gruesa y poderosa, me parecía obvio que un animal capaz de arrancar un árbol de cuajo con su fuerza, podría liberarse con facilidad de la estaca y huir.

El misterio sigue pareciéndome evidente. ¿Qué lo sujeta entonces?¿Por qué no huye?

Cuando tenía cinco o seis años, yo todavía confiaba en la sabiduría de los mayores. Pregunté entonces a un maestro, un padre o un tío por el misterio del elefante. Alguno de ellos me explicó que el elefante no se escapaba porque estaba amaestrado.

Hice entonces la pregunta obvia:

- Si está amaestrado, ¿por qué lo encadenan?.

No recuerdo haber recibido ninguna respuesta coherente.

Con el tiempo, olvidé el misterio del elefante y la estaca, y sólo lo recordaba cuando me encontraba con otros que también se habían hecho esa pregunta alguna vez.

Hace algunos años, descubrí que, por suerte para mí, alguien había sido lo suficientemente sabio como para encontrar la respuesta:

El elefante del circo no escapa porque ha estado atado a una estaca parecida desde que era muy, muy pequeño.

Cerré los ojos e imaginé al indefenso elefante recién nacido sujeto a la estaca. Estoy seguro de que, en aquel momento, el elefantito empujó, tiró y sudó tratando de soltarse. Y, a pesar de sus esfuerzos, no lo consiguió, porque aquella estaca era demasiado dura para él.

Imaginé que se dormía agotado y que al día siguiente lo volvía a intentar, y al otro día, y al otro... Hasta que, un día, un día terrible para su historia, el animal aceptó su impotencia y se resignó a su destino.

Ese elefante enorme y poderoso que vemos en el circo no escapa porque, pobre, cree que no puede.

Tiene grabado el recuerdo de la impotencia que sintió poco después de nacer.

Y lo peor es que jamás se ha vuelto a cuestionar seriamente ese recuerdo. Jamás, jamás intentó volver a poner a prueba su fuerza..."

Todos somos un poco como el elefante del circo. **Vamos por la vida atados a cientos de estacas que nos quitan libertad y nos impiden dar el paso**.

Vivimos pensando: ¡NO PUEDO! Y dejamos de hacer montones de cosas, simplemente porque una vez, hace tiempo, lo intentamos y no lo conseguimos.

Hacemos lo mismo que el elefante, y tenemos grabado en nuestra memoria este mensaje: ¡No puedo, no puedo y nunca podré!.

Y por eso, nunca más volvemos a dar el paso que nos liberará de las cadenas que nos atan a la estaca.

¿TE ATREVES HOY A ARRANCAR TU ESTACA?

¡PUEDES!

Amigo caminante, muchas emociones en este capítulo. Cuando estés preparado y quieras… te espero en el siguiente tramo.

RESUMIENDO...
¿QUÉ VAS A HACER?

✓ Dar **un paso adelante** con valentía para crecer.

✓ Aprender a **VIVIR** con mayúsculas.

✓ Tener la certeza de que **¡YO PUEDO!**

✓ Confiar en que **tú estarás a mi lado**.

✓ Contestar las preguntas de mi cuaderno personal **Tu camino empieza… ahora.**

2

LO QUE MARCA LA DIFERENCIA

Veo que sigues aquí, estoy encantada de que tengas este libro entre tus manos. Te felicito por la valentía que estás demostrando al contestar las preguntas que te planteo en tu cuaderno personal: **Tu camino empieza…AHORA**.

> *"La primera tarea del ser humano es darse luz a sí mismo".*
>
> Erich Fromm

Y te preguntarás… amigo caminante. ¿Qué es lo que marca la diferencia?

Déjame que te lo explique a través de este cuento de Jorge Bucay.

"EL LEÑADOR TENAZ"

"*Había una vez un leñador que se presentó a trabajar en una maderera. El sueldo era bueno y las condiciones de trabajo mejores aún, así que el leñador se propuso hacer un buen papel.*

El primer día se presentó al capataz, que le dio un hacha y le asignó una zona del bosque.

El hombre, entusiasmado, salió al bosque a talar. En un solo día cortó dieciocho árboles.

- Te felicito- le dijo el capataz-. Sigue así.

Animado por las palabras del capataz, el leñador se decidió a mejorar su propio trabajo al día siguiente. Así que esa noche se acostó bien temprano.

A la mañana siguiente, se levantó antes que nadie y se fue al bosque. A pesar de todo su empeño, no consiguió cortar más de quince árboles.

"Debo estar cansado", - pensó. Y decidió acostarse con la puesta de sol.

Al amanecer, se levantó decidido a batir su marca de dieciocho árboles. Sin embargo, ese día no llegó ni a la mitad.

Al día siguiente fueron siete, luego cinco, y el último día estuvo toda la tarde tratando de talar su segundo árbol.

Inquieto por lo que diría el capataz, el leñador fue a contarle lo que le estaba pasando y a jurarle y perjurarle que se estaba esforzando hasta los límites del desfallecimiento.

El capataz le preguntó: - ¿Cuándo afilaste tu hacha por última vez?

- ¿Afilar? No he tenido tiempo para afilar: he estado demasiado ocupado talando árboles."

Nos es difícil entender que tenemos que parar y pensar, **ser conscientes** de cómo hacemos nuestro trabajo, **de cómo vivimos nuestra vida**. Nos es difícil entender que tenemos que cuidar y afilar nuestra hacha cada día, como le pasó al leñador tenaz para que, cada día, vivamos plenamente nuestra existencia.

> *"No preguntes qué necesita el mundo.*
> *Pregúntale qué te hace vivir y hazlo.*
> *Porque lo que el mundo necesita son*
> *personas que han cobrado vida".*
>
> Howard Thurman

Amigo caminante, supongo que a estas alturas ya conoces la respuesta a la pregunta que te he planteado al principio del capítulo y que también le sirve de título.

Lo que marca la diferencia es **vivir despierto**, también podríamos decir **ser consciente de tu vida**. Vivir de tal manera que nos demos cuenta de la realidad que nos rodea y, voluntariamente, elegir cómo vivirla **sin dejar que sea ella la que te vaya viviendo a ti.**

> *"No estar muerto no es estar vivo".*
>
> E.E. Cummings

Recuerdo cuando era pequeña e iba de vacaciones a un pueblecito de Aragón. Era donde vivían mis abuelos maternos. Mi abuelo, ya jubilado, se dedicaba a cuidar su huerto por afición, porque durante su vida no había podido hacerlo. Y yo creo que eso lo hacía más humilde y más cercano a sí mismo.

Decía eso porque por todas las huertas pasaba una acequia. Yo, muchas veces, me entretenía haciendo barcos de papel con los periódicos o revistas viejas que había por casa y desde el principio de la acequia dejaba que navegara hasta el final.

¿Tú lo has hecho alguna vez? Si no fue en una acequia seguro que en un riachuelo, un charco o puede que en el mar.

A veces, naufragaba por el camino, otras la suciedad o las imperfecciones de la acequia hacían que encallara. El caso es que ese barco navegaba arrastrado por la corriente y sin un rumbo fijo.

Yo no podía hacer nada por ayudarlo a salvar los obstáculos, era imposible. Simplemente lo observaba y miraba cuál podría ser su futuro. Una y otra vez… sus movimientos me hipnotizaban y me preguntaba qué le pasaría a ese nuevo barco.

Con esta historia quiero decirte que, a veces, en nuestra vida podemos sentirnos como ese barco de papel que va por la acequia sin rumbo, agitado por las ondulaciones que el viento produce en el agua y del que en ningún momento somos dueños, sino que la corriente nos lleva y nos lleva.

El agua, a veces, nos hace parar, a veces nos hunde y, a veces, nos hace avanzar, pero siempre con la certeza de que nosotros no somos los que estamos guiando nuestro barco, simplemente nos sentimos arrastrados. Nos acomodamos a las circunstancias y vamos dando bandazos de un lado a otro de la acequia.

¿QUÉ O QUIÉN DIRIGE TU VIDA? SI NO LO HACES TÚ, ALGO O ALGUIEN LO HARÁ POR TI.

Vivir despierto, vivir conscientemente la vida significa que dejamos el barquito de papel y cogemos el timón de nuestro barco y somos nosotros, eres tú quien decide hacia dónde se dirige tu nave. **Eres tú quien toma el mando del barco de tu vida.** Pero solo lo puedes tomar si vives despierto.

Cuando te pido que seas consciente de tu vivir me refiero a que seas consciente de todos y cada uno de los ámbitos que envuelven tu ser, tanto tu realidad externa: objetos, amigos, familiares…, como tu realidad interna: quién eres tú con todas tus virtudes y aquello que te gustaría mejorar.

> *"La vida está sujeta a cambios, pero el crecimiento es opcional. Sé inteligente con tus elecciones".*
>
> Karen Kaiser Clark

Vivir una vida consciente es todo un desafío. Y más en nuestra sociedad actual, porque la cultura en la que nos movemos no nos ayuda y quiere que vivamos rápidamente, es decir, que consumamos. Y el consumo implica en sí velocidad. Y cuanto más puedas consumir en un menor tiempo, mejor.

Richard Moss, médico de formación, y tras una trayectoria de 30 años, abandonó la medicina y decidió hacer un cambio en su vida para dedicarse a los otros desde una nueva perspectiva.

Es conocido internacionalmente como pensador y escritor. Entre su temática, trabaja el arte de vivir conscientemente, y señala que la velocidad de la vida cotidiana, la falta de concentración, los diálogos que tenemos con nosotros mismos, y los juicios que emitimos sobre los demás hacen que, aunque tengamos la intención de estar atentos, se aleje la posibilidad de una atención consciente y profunda.

Esta cultura de la prisa nos dificulta mucho el despertar a nuestra realidad interior. Cuando vivimos dormidos no somos capaces de decidir activamente cómo queremos vivir nuestra vida. Y entonces caemos en la deriva.

Poco a poco, nos iremos adentrando en este tema y te daré pistas para ayudarte a coger **el timón de tu vida y ser el capitán de tu barco.**

Piensa que vivir o dejarse vivir tiene consecuencias diferentes. Te daré estrategias para que tomes conciencia y decidas lo que más te conviene.

Nuestra mente nos engaña continuamente y nos hace creer que somos nosotros los que decidimos. Ya te adelanto que no es nuestra parte consciente la que normalmente decide, sino nuestra parte inconsciente, nuestras creencias, nuestros programas…, los que nos hacen decidir. La clave es cambiar nuestro mapa mental para disfrutar de la verdadera libertad.

Cuando vivimos despiertos somos más receptivos a lo que puede surgir en nuestro camino, estamos más abiertos a la creatividad y la belleza. Se abren más alternativas, el mundo nos ofrece infinitas posibilidades y, por supuesto, somos más conscientes de nuestras pisadas y de la huella que dejaremos tras nosotros en nuestro caminar.

Y todo eso no es más que la fuente que mana de nuestro yo más profundo, y que poco a poco hemos ido tapando con el polvo del camino. Ya es hora de sacudirnos ese polvo, ya es hora de pisar con firmeza, ya es hora de capitanear nuestro barco, ya es hora de tomar el timón y decidir vivir plenamente nuestra vida.

> *"La vida no trata de encontrarse a uno mismo, sino de crearse a uno mismo".*
>
> George Bernard Shaw

Ser consciente quiere decir fijarse, focalizarse, **prestar la máxima atención** de forma intencionada y, por supuesto, **sin juzgar lo que está sucediendo en ese momento.**

Estar atento significa subir el volumen de nuestros oídos para oír, escuchar, abrir bien los ojos para captar todo lo posible, disfrutar con los cinco sentidos de esta maravillosa vida.

Amigo caminante, te propongo un reto de atención que, a la vez, te ayudará en tu crecimiento personal (estas mismas preguntas las podrás responder en tu cuaderno personal).

Por ejemplo, cuando te enfadas, ¿piensas cuál ha sido el detonante, cuál ha sido el motivo?

¿A quién le echas la culpa? ¿A algo o a alguien o a ti mismo?

¿Has tenido alguna vez algún pensamiento destructivo?¿te has dejado arrastrar por él?

Tal vez, ante una situación que tú no entendías, la has juzgado … ¿sabes el porqué?

Lo que te llevará a encontrar la respuesta a todos estos interrogantes es la atención, que hará que VIVAS MÁS CONSCIENTEMENTE, es lo que marca la diferencia entre dormir y despertar.

No solemos hacernos este tipo de preguntas y, aunque al principio cuesta coger el hábito, con la práctica resulta fácil y es la clave para vivir atentos y sin juicios.

> *"No merece la pena vivir una vida inconsciente".*
>
> Sócrates

Cuando estaba sacándome el carnet de conducir, en la primera clase práctica, el profesor me llevó a la carretera del aeropuerto y me dijo: "Coge solamente el volante, yo haré todo lo demás". Empezó a acelerar y yo cada vez cogía con más fuerza el volante como si en el mundo solo existiéramos el volante y yo. Supongo que no íbamos a más velocidad de la permitida, pero a mí me daba la impresión de que el coche iba a despegar en cualquier momento como un avión.

En otra de las primeras clases entre el cambio de marchas, el freno, el embrague, el intermitente…, paré en mitad de un paso de cebra. Me dijo que abriera mi puerta y él hizo lo mismo con la suya.

- ¿Por qué haces esto?, -le pregunté.

- Porque has parado en medio de un paso de cebra y por algún sitio tendrán que pasar los peatones…

Me parecía imposible estar pendiente de tantas cosas. Ahora el coche parece que va solo a todos los sitios. Por cierto, no tengo multas de tráfico.

> *"La vida es como una bicicleta. Para mantener el equilibrio tienes que seguir adelante".*
>
> Albert Einstein

A veces, sin proponernos vivir de manera consciente, **la vida nos presenta dificultades que nos ayudan a despertar** de golpe. ¡A la brava!

Conocerás personas con las que, en algún momento, has tenido una conversación con esta temática y te han dicho:

- ¡Uf!, desde que me dio el infarto, me tomo la vida de otra manera.

- Desde que tuve el accidente, me estoy planteando el tiempo que dedico al trabajo.

- Desde que nació ni nieto…

- Desde que falleció…

- Desde…

Posiblemente, en tu vida ya has tenido alguna dificultad, te has encontrado "cara a cara" con la limitación, con la enfermedad, con el miedo, con la duda… algún momento que te ha obligado a parar y, en ese instante, has pensado: ¡Uy! ¿Qué me está pasando?

Un "susto" que te ha hecho reflexionar sobre el sentido de tu vida, el significado de tus acciones, la realización de tus sueños, la consecución de tus metas…

Son "crags" (roturas) que nos remueven por dentro y nos aportan un aprendizaje que, tal vez, con el tiempo, vivamos como valioso.

Mi objetivo no es crearte ningún trauma para que despiertes, ni te lo deseo, aunque en todo hay un aprendizaje y, como tú muy bien sabes, y has leído en mi presentación, ha habido momentos en mi vida que me han ayudado a vivir de una manera diferente, de una manera más plena.

Quisiera que estas líneas fueran para ti ese "Crag" que cambie tu vida.

Y… estoy casi segura de que la conclusión a todas estas inquietudes ha sido: ¡No puedo seguir así, **quiero disfrutar y saborear la vida, mi vida!**

Es entonces cuando te pones "manos a la obra" y dices: ¡Venga, al ataaaaaaaaaque!

Pero piensa que **no es lo mismo disfrutar que despertar.** Las dos empiezan por "d" pero no es lo mismo, aunque el disfrutar de la vida ya es un primer paso.

Amigo caminante, tengo que avisarte de que **ser consiente, aparte de ser liberador, también conlleva algo de sufrimiento** porque, en ese ser consciente nos vamos a ver, poco a poco, tal y como somos y, a veces, descubriremos aspectos que no nos gustan de nosotros mismos y que rechazaremos o ya estamos rechazando.

El despertar a la vida es el comienzo de tu camino, un camino que no es cómodo porque, repito, removerás cosas por dentro que hasta el día de hoy las has estado ocultando porque te creaban cierto dolor y no querías aceptar.

Nos sentimos vulnerables y creemos que la vulnerabilidad es una desventaja pero, poco a poco, los que ya llevamos un trecho más del camino, nos hemos dado cuenta de que **la vulnerabilidad es el principio de la credibilidad, de la humildad y de la fortaleza.**

> *"Pensar es una dura labor, por eso pocas personas la llevan a cabo".*
>
> Henry Ford

Es mucho más sencillo permanecer en la ignorancia de quiénes somos, a eso ya estamos acostumbrados. Es más sencillo exculparnos diciendo que la culpa la tiene "fulanito" o "menganita", que la culpa la tiene mi empresa, que la culpa la tiene mi vecino, que la culpa la tiene…cualquiera.

Cualquiera antes que tú. **El proceso de ser consciente, de tomar conciencia empezará cuando estés dispuesto a responsabilizarte de tu vida y seas capaz de afrontar tus miedos, dificultades, emociones, prejuicios y creencias.**

> *"Quien mira hacia fuera sueña, quien mira hacia dentro, despierta".*
>
> Carl Gustav Jung

Amigo caminante, espero que te gusten los cuentos… A mí me encantan, así que ya sabes lo que te va a pasar…

Te voy a regalar un cuento que Jay Rabon, amigo de Jorge Bucay, le regaló en una de sus conferencias y que él recoge en su libro: *"Cuentos para pensar"*.

"EL BUSCADOR"

"*Esta es la historia de un hombre al que yo definiría como Buscador...*

Un buscador es alguien que busca, no necesariamente es alguien que encuentra. Tampoco es alguien que, necesariamente, sabe qué es lo que está buscando, es simplemente para quien su vida es una búsqueda.

Un día, el buscador sintió que debía ir hacia la ciudad de Kammir. Él había aprendido a hacer caso riguroso a estas sensaciones que venían de un lugar desconocido de sí mismo, así que dejó todo y partió.

Después de dos días de marcha por los polvorientos caminos diviso, a lo lejos, Kammir. Un poco antes de llegar al pueblo, una colina a la derecha del sendero le llamó mucho la atención. Estaba tapizada de un verde maravilloso y había un montón de árboles, pájaros y flores encantadores; la rodeaba por completo una especie de valla pequeña de madera lustrada.

Una portezuela de bronce lo invitaba a entrar.

De pronto, sintió que olvidaba el pueblo y sucumbió ante la tentación de descansar por un momento en ese lugar. El buscador traspasó el portal y empezó a caminar lentamente entre las piedras blancas que estaban distribuidas como al azar, entre los árboles.

Dejó que sus ojos se posaran como mariposas en cada detalle de este paraíso multicolor. Sus ojos eran los de un buscador, quizás por eso descubrió, sobre una de las piedras, aquella inscripción:

Abedul Tareg, vivió 8 años, 6 meses, 2 semanas y 3 días

Se sobrecogió un poco al darse cuenta de que esa piedra no era simplemente una piedra, era una lápida. Sintió pena al pensar que un niño de tan corta edad estaba enterrado en ese lugar.

Mirando a su alrededor, el hombre se dio cuenta de que la piedra de al lado también tenía una inscripción. Se acercó a leerla, decía:

Yamir Kalib, vivió 5 años, 8 meses y 3 semanas

El buscador se sintió terriblemente conmocionado.

Este hermoso lugar era un cementerio y cada piedra, una tumba. Una por una, empezó a leer las lápidas. Todas tenían inscripciones similares: un nombre y el tiempo de vida exacto del muerto.

Pero, lo que lo conectó con el espanto fue comprobar que el que más tiempo había vivido apenas sobrepasaba 11 años... Embargado por un dolor terrible se sentó y se puso a llorar.

El cuidador del cementerio, pasaba por ahí y se acercó. Lo miró llorar por un rato en silencio y luego le preguntó si lloraba por algún familiar.

- No, ningún familiar – dijo el buscador- ¿qué pasa con este pueblo?, ¿qué cosa tan terrible hay en esta ciudad? ¿Por qué tantos niños muertos enterrados en este lugar? ¿Cuál es la horrible maldición que pesa sobre esta gente, que lo ha obligado a construir un cementerio de chicos?

El anciano sonrió y dijo:

- Puede usted serenarse. No hay tal maldición. Lo que pasa es que aquí tenemos una vieja costumbre. Le contaré...

Cuando un joven cumple quince años sus padres le regalan una libreta, como esta que tengo aquí, colgando del cuello.

Y es tradición entre nosotros que a partir de allí, cada vez que uno disfruta intensamente de algo, abre la libreta y anota en ella:

a la izquierda, qué fue lo disfrutado... a la derecha, cuánto tiempo duró el gozo.

Conoció a su novia, y se enamoró de ella. ¿Cuánto tiempo duró esa pasión y el enorme placer de conocerla?, ¿una semana?, ¿dos?, ¿tres semanas y media?...

Y después... la emoción del primer beso, el placer maravilloso del primer beso, ¿cuánto duro?, ¿el minuto y medio del beso?, ¿dos días?, ¿una semana?...

¿Y el embarazo o el nacimiento del primer hijo...?

¿Y el casamiento de los amigos...?

¿Y el viaje más deseado...?

¿Y el encuentro con el hermano que vuelve de un país lejano...?

¿Cuánto tiempo duró el disfrutar de estas situaciones...?

¿Horas?, ¿días....?

Así... vamos anotando en la libreta cada momento que disfrutamos... cada momento.

Cuando alguien se muere, es nuestra costumbre, abrir su libreta y sumar el tiempo de lo disfrutado, para escribirlo sobre su tumba, porque ESE es, para nosotros, el único y verdadero tiempo VIVIDO."

Amigo caminante, después de leer este extraordinario cuento, me gustaría que te hicieras un regalo (te lo mereces):

¡VIVE INTENSAMENTE CADA INSTANTE DE TU VIDA!

¡Ah, por cierto, nos encontramos en el siguiente capítulo! Hasta entonces, ¡disfruta de la vida!

RESUMIENDO… **VIVIR "DESPIERTO" MARCA LA DIFERENCIA. ¿QUÉ VAS A HACER?**

✓ **VIVIR** conscientemente.

✓ **Afilar mi hacha** para vivir con plenitud cada día.

✓ Coger el **timón de mi vida** y ser el capitán de mi barco.

✓ Contestar las preguntas de mi cuaderno personal **Tu camino empieza…ahora.**

SEGUNDA PARTE

PASOS PARA CAMINAR LA VIDA

3

SOMOS CREADORES DE NUESTRA REALIDAD

¡Hola nuevamente, amigo caminante!

Espero que te esté resultando interesante el libro. No me abandones a mitad camino, por favor. Yo no lo voy a hacer. **Para mí ¡tú eres lo más importante!**

Te esperan cosas novedosas que te van a hacer descubrir una parte más de la verdad. En concreto, en este capítulo, vas a descubrir qué es la realidad.

Y te preguntarás, ¿qué es la realidad? ¿Cuántas realidades existen? ¿Podemos crear algo? ¿La realidad puede ser nuestra? ¿Puede ser que creemos nuestra realidad?

¡Uy, uy, uy! Supongo que estarás con los ojos "como platos" ante tantas preguntas ¡Qué avalancha! Tendrás que esperar un poco para poder resolver estos interrogantes que te he planteado.

Nuestra vida se desenvuelve en un mundo lleno de objetos, acontecimientos y personas que captamos a través de nuestros sentidos. **Los sentidos son ventanas abiertas al mundo, las fuentes de nuestra experiencia** y están expuestos a un constante bombardeo de estímulos que nos ofrecen una información que se transmite al cerebro y este le da un sentido.

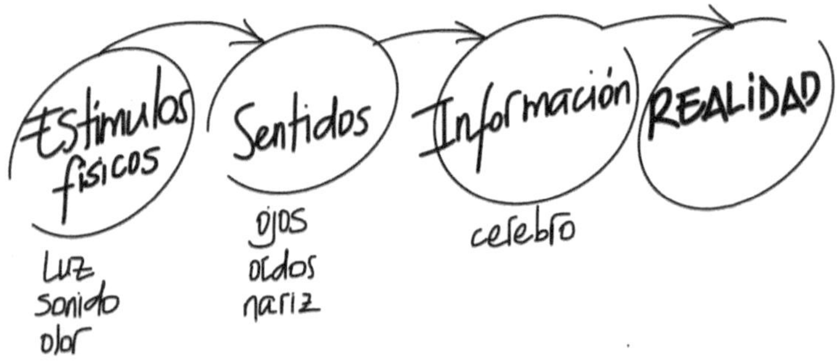

Aunque **los sentidos** nos ofrecen una visión interesante del mundo, **no siempre pueden transmitir una imagen fiable de la realidad.**

Vivir no es solamente pasar por este mundo, sino que implica sentir, percibir y comprender nuestra realidad. La importancia que otorgamos a nuestros sentidos marca la diferencia entre oír y escuchar, probar y degustar, tocar y palpar, ver y observar. Si abrimos la mente a nuestros sentidos, podremos gozar más de nuestro viaje por la vida.

Después de hablarte de los sentidos, te quiero explicar otro concepto clave que te ayudará a entender el enigma de este capítulo: ¿Qué es la realidad?

Me refiero al concepto de **PERCEPCIÓN.** La percepción no es la suma de estímulos que llegan a nuestros sentidos, sino que **cada individuo organiza la información recibida según sus deseos, necesidades y experiencias**. El cerebro transforma, de forma casi inmediata, los mensajes recibidos a través de los sentidos, en percepciones conscientes.

La percepción es más que ver, oír, gustar o palpar. Es la **transformación de los estímulos recibidos en información cognitiva** (en conocimiento).

En esta transformación inciden ciertos procesos de suma importancia y de los que seguramente, hasta día de hoy, no eras consciente. Te los voy a explicar de manera sencilla, aunque son procesos complejos.

El resultado final de esta transformación (de estímulo a información) pasa por unos filtros que actúan de manera casi instantánea y que son propios e irrepetibles en cada uno de nosotros porque dependen de las **experiencias personales** que hayamos tenido en la vida, de nuestro **aprendizaje**, de nuestra **personalidad**, de nuestra **cultura**... Este es un primer filtro.

Otro de los filtros es la **adaptación al entorno** que actúa en esa transformación para poder dar respuesta y sentido a nuestra realidad.

Y el último filtro es la **atención**. Nos centramos en lo que es relevante para nosotros en una circunstancia concreta y el resto de estímulos los desechamos.

¿No te ha pasado alguna vez que has quedado con alguien en un sitio concreto lleno de gente y eres capaz de distinguir a la persona que buscas entre la multitud?

¡Buf! Si que te he soltado una parrafada. Espero haberme explicado.

En el siguiente esquema te muestro el proceso.

Los estímulos físicos son captados por nuestros sentidos (receptores). Con lo captado, se realiza una organización de la información, que es a lo que llamamos percepción. Esta información pasa por todos los filtros personales y da lugar a la representación de una realidad.

He dicho **una realidad y no la realidad** porque supongo que entenderás que después de pasar por tanto filtro personal (aprendizaje, cultura, experiencias personales, deseos, motivación, expectativas, atención, crencias, adaptación al entorno...) de objetivo queda poco.

Ya ves que **es un proceso subjetivo**. Cada uno de nosotros representamos la realidad de forma subjetiva, es una **representación interna** y es diferente en cada uno de nosotros. Entender este proceso nos enseña también cómo vamos configurando nuestra vida y nuestras relaciones a partir de esa realidad subjetiva.

El mundo es una infinidad de posibles informaciones y solo somos capaces de percibir una pequeña parte que se convierte en nuestra realidad única, y actuamos de acuerdo a lo que hemos percibido como nuestra realidad, nuestro mundo.

Cuentan que un hombre, en un tren, vio que el compañero de asiento llevaba solo un zapato, entonces le dijo:

- Disculpe, creo que ha perdido un zapato.

A lo que el aludido respondió:

- Se equivoca señor, he encontrado un zapato...

Conocer nuestra realidad subjetiva y la de los otros, nos ayuda a ampliarla, modificarla y a pasar por la vida de una forma más fácil y satisfactoria.

Un pintor, un excursionista y un biólogo que van por el bosque tienen experiencias, expectativas, aprendizajes, creencias, motivaciones… diferentes y crearán distintas realidades del mismo bosque. Todos contemplarán y disfrutarán de la belleza, pero cada uno focalizará su atención en aspectos diferentes.

¿Qué crees que verá el pintor?

El pintor verá, en cada rincón, un posible cuadro. Se fijará en la luz, en las tonalidades de los colores, en las perspectivas, en los efectos de las sombras…

¿Qué crees que verá el excursionista?

El excursionista se fijará en los posibles senderos, en los obstáculos del camino, en la temperatura, en las distancias, en las panorámicas…

¿Qué crees que verá el biólogo?

El biólogo observará la vida del bosque, los pequeños animales que lo habitan, desde los pájaros del cielo hasta los pequeños insectos, desde los grandes árboles hasta las humildes hierbas que crecen a su cobijo, e incluso le vendrán a la mente sus nombres en latín.

Recuerdo una anécdota de Picasso que leí en algún libro y que quiero compartir contigo porque es muy clarificadora.

Un extraño se le acercó y le preguntó por qué no pintaba las cosas tal y como eran en realidad. Pensativo y, a la vez confundido, le contestó:

- No acabo de entender lo que me quiere decir.

El hombre sacó una fotografía de su esposa.

- Mire- dijo-, como esto. Así es mi mujer de verdad.

Picasso incrédulo le contestó:

- Es muy pequeña, ¿no? Y un poco plana, ¿no?

¡Es bueno este Picasso! ¿eh? Tiene una gran perspicacia, ¿no te parece, amigo caminante?

> *"Lo que pueda significar un trozo de pan dependerá de que tengas hambre o no".*
>
> Proverbio árabe

Si vas por el mundo buscando amor, encontrarás amor; si vas por el mundo buscando problemas, encontrarás problemas. Si vas por el mundo buscando alegría, encontrarás alegría. Si vas por el mundo buscando juicios, encontrarás juicios. Si vas por el mundo buscando paz…, si vas por el mundo buscando comprensión…, si vas por el mundo buscando…

La mente humana lo crea todo, lo bueno y lo malo, todo lo que nos ocurre y todo lo que vemos en el mundo.

> *"Nada es tan bueno ni tan malo; es el pensamiento el que lo hace así".*
>
> William Shakespeare

TÚ ERES EL CREDOR DE TU PROPIA REALIDAD.

> *"Las pequeñas mentes son dominadas y sometidas por la mala suerte, las grandes mentes se erigen por encima de eso".*
>
> Washington Irving

Esto nos convierte en **participantes activos** de nuestra realidad y nos permite comenzar a **tomar responsabilidad de lo que sucede en nuestras vidas.**

Explorando lo que significa "ser participante" de nuestra realidad vamos llegando a la conclusión evidente de que tenemos la capacidad de cambiar **el mundo que nos rodea modificando lo que sucede en nuestro interior**, es decir, nuestros pensamientos, sentimientos, emociones y creencias.

Tenemos la responsabilidad de dejar atrás el victimismo y la impasibilidad y encaminarnos hacia la madurez emocional.

Para cambiar nuestras vidas, nuestras relaciones y conseguir armonía en nuestra existencia se requiere un **cambio profundo en nuestra percepción**.

Te regalo esta maravillosa fábula de Charles Péguy que expresa claramente las distintas realidades según las creencias de cada uno.

¡A ver con cuál te identificarás!

"LOS TRES CANTEROS"

"*El peregrino vio esparcidos por las laderas hombres que, sentados en el suelo, labraban bloques de roca para la construcción. Se acercó al más próximo.*

- ¿Qué haces, buen hombre?, - preguntó el peregrino.

- ¿No lo ves?, - respondió el cantero sin ni siquiera alzar la vista: "¡Me estoy matando con este trabajo!"

El peregrino no dijo nada y siguió adelante.

Pronto se encontró con otro cantero. Estaba igual de cansado, malherido y cubierto de polvo:

- ¿Qué haces, buen hombre?, - preguntó también el peregrino.

> *- ¿No lo ves? ¡Trabajo de sol a sol para mantener a mi mujer y a mis hijos!", - respondió el cantero.*
>
> *En silencio, el peregrino siguió adelante.*
>
> *Ya casi en la cumbre de la colina había otro cantero. Como los anteriores, estaba agotado de tanto trabajo, pero en sus ojos se adivinaba cierta complacencia:*
>
> *- ¿Qué haces, buen hombre?, - preguntó el peregrino.*
>
> *- ¿No lo ves?, - respondió el cantero, sonriendo con orgullo:*
>
> *- ¡Construyo una catedral!.*
>
> *Y con su mano tendida indicó el valle donde se levantaba un templo grandioso, con pilares, arcos y atrevidos pináculos de piedra gris que apuntaban al cielo.*

Doy por hecho, amigo caminante, que tú también estás construyendo tu catedral.

Algunas maneras de actuar, las formas de pensar sobre cómo actuamos y **nuestras convicciones** también son filtros que marcan nuestra realidad.

Me explico: **Somos más de "fracasos" que de "aprendizajes".** En nuestras maneras de actuar nos orientamos más a ver qué hemos hecho mal, que a pensar que hemos aprendido algo diferente.

> *"La caída no es un fracaso, el fracaso es quedarte donde te caíste".*
>
> Sócrates

Somos más de ¿por qué? que de ¿cómo? Nos preguntarnos, ¿por qué me pasa esto a mí…?, en vez de pensar, ¿cómo puedo solucionar esto?

Somos más de pensar en los problemas que en los objetivos. Nos centramos más en las dificultades que tenemos para lograr nuestras metas que en las propias metas.

Somos más de necesidades que de posibilidades. Nos fijamos más en las limitaciones que en las opciones posibles que tenemos.

Amigo caminante, ¡párate e intenta pensar en las respuestas a estas preguntas que te hago!

Cuando algo que te proponías te ha salido mal o como no deseabas, ¿cuál ha sido tu primer pensamiento?

- ¿Por qué me pasa esto?

- ¿Por qué tengo este problema?
- ¿Quién tiene la culpa?
- Todo me sale mal…

O, por el contrario piensas:

- ¿Qué puedo mejorar?
- ¿Qué recursos tengo para lograr lo que quiero?
- ¿Cómo puedo mejorarlo?
- Esta vez seguro que lo consigo.

¡Qué! ¿Cómo ha ido? ¿Sorprendido de tus respuestas?

Te contaré una anécdota. Hoy en día, se recuerda a Thomas Alva Edison por sus inventos y grandes aportaciones a la humanidad. Entre otras, el fonógrafo, el altavoz de retransmisión telefónica, la bombilla… Gracias a él, cuando se pone el sol podemos aprovechar las horas de oscuridad y no tenemos que irnos a dormir.

Cuentan de Edison que, cuando inventó la bombilla evidentemente no le salió a la primera, sino que realizó más de 1000 intentos, hasta el punto que un periodista, en una entrevista, le preguntó por qué seguía intentando construir una bombilla, si tras más de 1000 intentos no había conseguido más que fracasos.

Edison respondió:

"No son fracasos, he conseguido saber 1000 for-mas diferentes de cómo no se debe hacer una bombilla".

"Las alternativas son el elixir de los dioses".
John Ginder

Somos más de vivir en el pasado o en el futuro que en el presente, y realmente este es el único tiempo que tenemos en nuestras manos.

¿En cuántas ocasiones te has encontrado planeando un encuentro familiar cuando, en ese momento, ya estabas disfrutando de uno? ¿Disfrutando...? O planeando unas bonitas vacaciones mientras estás en el trabajo.

Dejamos de disfrutar el momento presente pensando en la siguiente actividad. Y así, ni disfrutamos de lo planeado ni del presente. Caminamos entre el pasado y el futuro olvidando el presente.

"La clave es planificar el futuro, no vivir en él. La clave es aprender del pasado, y no revolcarse o refugiarse en el".
Javier Carril

Amigo caminante, ahora viene la "**pregunta de oro**":

¿POR QUÉ REALIDAD CAMINAS? ¿EN QUÉ REALIDAD VIVES?

En este momento de tu camino, de tu vida, ¿qué sensaciones tiene tu cuerpo?, ¿qué pensamientos rondan por tu cabeza?, ¿qué sentimientos alberga tu corazón?

(Estas preguntas las podrás contestar en tu cuaderno personal **Tu camino empieza… ahora**.)

Espera, espera… no he acabado. Voy a ser más concreta:

¿No encuentras sentido a tu vida?

¿Tienes la sensación de ser un fracasado?

¿Te encuentras perdido?

¿Estás bloqueado?

¿Estás insatisfecho contigo mismo o con la vida?

¿Eres feliz?

¿Te odias a ti mismo?

¿Estás lleno de culpabilidad?

¿Guardas sentimientos que te hieren?

¿No encuentras el norte?

¿Piensas que…?

¿Sientes que…?

Has de comprender que todos estas sensaciones, pensamientos y sentimientos solo existen en ti, no en la realidad. Deja de intentar cambiar las circunstancias, a tus familiares, amigos,…al mundo entero. No hay que cambiar nada.

Nada ni nadie puede hacerte daño. Solo te lo hará si tú le das permiso. Tú decides tus pensamientos y tus sentimientos. Todo está en tu mente. **Lo único que te tiene que preocupar ES SER TÚ MISMO.**

"Cada mañana tienes dos opciones: seguir quejándote de tu vida o hacer algo para cambiarla".

Ricardo Mata

Amigo caminante, tienes un largo, bonito y excitante camino delante de ti para ir, paso a paso, aceptando todo lo que te duele en el corazón y cambiando todo eso que te gustaría mejorar.

¡TODO DEPENDE DE TI, NO TIENES EXCUSAS!

Tú y yo, y me atrevo a decir todos, estamos en el camino de nuestro crecimiento personal. La única diferencia es que partimos de lugares diferentes, pero todos somos caminantes.

¡Ah! No te olvides que los caminos no están asfaltados y te puedes encontrar con algunos obstáculos.

Acabo este capítulo con una reflexión en forma de cuento de Lucas Prados. ¡Cómo no!

"UNA PIEDRA EN EL CAMINO"

"*Hace tiempo, un rey colocó una gran roca obstaculizando un camino. Entonces se escondió y miró para ver si alguien quitaba la tremenda piedra.*

Algunos de los comerciantes más adinerados del rey y cortesanos vinieron, y simplemente dieron una vuelta alrededor de la roca sin siquiera intentar moverla.

Muchos culparon al rey ruidosamente de no mantener los caminos despejados, pero ninguno hizo algo para sacar la piedra grande del camino.

Cierto día, pasaba un campesino que llevaba un cargamento de verduras a la espalda.

Al aproximarse a la roca, puso su carga en el suelo y trató de mover la piedra hacia un lado del camino.

Después de empujar y fatigarse mucho, lo logró. Mientras recogía su cargamento de vegetales y los volvía a poner sobre sus espaldas, notó que en el suelo había una cartera, justo donde había estado la roca.

> *La cartera contenía muchas monedas de oro y una nota del mismo rey indicando que el oro era para la persona que removiera la piedra del camino.*
>
> *El campesino aprendió lo que los demás nunca entendieron: **cada obstáculo en nuestro camino nos brinda una oportunidad para mejorar**".*

Amigo caminante, te espero en el siguiente capítulo lleno de novedades y nuevas experiencias. ¡No me abandones!

RESUMIENDO... **SOMOS CREADORES DE NUESTRA REALIDAD. ¿QUÉ VAS A HACER?**

✓ Darme cuenta de que lo que capto a través de los sentidos, al pasar por mis filtros personales, se transforma en una **percepción subjetiva**.

✓ Dejar atrás el **victimismo** y **responsabilizarme** de crear mi propia realidad.

✓ Creer que **las dificultades** que encuentre en el camino **son retos** que me ayudarán a crecer.

✓ Contestar las preguntas de mi cuaderno personal **Tu camino empieza... ahora**

4

LA PALANCA DEL CAMBIO

> *"Cuida de tu cuerpo, es el único lugar que tienes para vivir"*.
>
> Jim Rohn

¡Hola amigo caminante!

Aquí estoy otra vez ¿Cómo va todo? ¿Cómo va tu cuaderno personal **Tu camino empieza... ahora?** Supongo que ya lo vas contestando.

Sabes que eso va a ser un buen comienzo para ir conociéndote poco a poco y en ese conocimiento ir mejorando. Aunque te sea costoso, por favor, no dejes de hacerlo. Es un método esencial que te ayudará, cuando lo vayas releyendo y repasando, a conocer tus pasos para tu nuevo camino.

Estoy entusiasmada porque en este capítulo **te voy a mostrar algo que realmente va a cambiar tu vida.** Algo que es tan sumamente **sencillo** y, a la vez, tan **potente** que te dejará perplejo. A mí, cuando lo descubrí en la lectura de tantos y tantos libros, me sorprendió extraordinariamente. Aunque te he de confesar que al principio pensé que no tenía tanta importancia pero, a día de hoy, para mí, es uno de los pilares más importantes en mi descubrimiento personal.

Estoy convencida de que te va a sorprender porque, a veces, **en las cosas sencillas es donde está la grandeza** y esta es una de ellas pero que lleva en su interior una inmensa grandeza.

A lo largo del capítulo, te sugeriré que hagas algunos ejercicios. Por favor, ¡hazlos! Ya verás que, con la práctica, descubrirás el gran tesoro que te estoy ofreciendo y el gran tesoro que será para ti. Ya será tuyo. Y yo lo compartiré contigo llena de satisfacción.

Para poder crecer como personas y desarrollarnos, debemos saber cómo funciona el ser humano, cómo funcionas tú, cómo funciono yo, cómo estamos organizados. conociéndolo tendremos las claves para un eficaz, sólido y rápido crecimiento.

¡Uf!, amigo caminante, me parece que ya estás deseoso por saber de qué va este capítulo. Estoy casi segura de que quieres que vaya "al grano" YA.

¡Tic-tac, tic-tac,…! ¡Tachán…!

Hoy te voy a contar lo importante que es en nuestra vida y en nuestro crecimiento personal nuestro **CUERPO**.

Y como ya te he dicho al principio del capítulo, **tenemos que cuidarlo porque es el único lugar que tenemos para vivir**.

Pero no me refiero a cuidar de tu cuerpo desde el punto de vista de una vida saludable: dietas, ejercicio, hidratación, cremas corporales… que es importante también, pero no es el motivo principal.

Te voy a hablar de **la sabiduría que hay en tu cuerpo**.

Estamos acostumbrados a vernos en dos realidades diferentes: por un lado el cuerpo y, por otro, lo que llamamos nuestra mente.

Nos han dicho que es importante cuidar nuestro cuerpo, cuidar nuestro físico y… ¡lo es!, y por ello hacemos deporte, comemos de una manera sana, hacemos yoga,… pero todo eso lo hacemos porque **pensamos, desde nuestra mente**, que es importante.

Cuidamos nuestro cuerpo como algo que está ahí y nosotros estamos dentro de él y… como somos sus inquilinos, ¡vamos a cuidarlo, pobrecito!.

Nos preocupamos de su belleza y de su bienestar. ¡Por supuesto, es importantísimo! Pero nos preocupamos del cuerpo como algo externo, como si nosotros fuéramos algo independiente de él.

Nos estamos perdiendo lo más importante: **todo lo que sucede en nuestro cuerpo, en nuestra fisiología repercute en nuestra mente.**

Y esta es la parte que te estoy descubriendo hoy y, por eso, es por lo que tienes que cuidarla. No porque sea un ente aparte sino porque…

¡EL GRAN TESORO!

> **Todo lo que sucede en tu cuerpo tiene un claro reflejo en tu mente**. Por tanto, puedes deducir que **todo lo que sucede en tu mente también está repercutiendo en tu cuerpo.**

Básicamente, ¿qué te estoy diciendo?

Que no somos dos entes que van por el mundo a su aire, que **somos UNO.** Y esto es lo que te voy a hacer entender en este capítulo: **la importancia de la unión de cuerpo y mente**.

> *"La vida solo es soportable cuando el cuerpo y el alma viven en perfecta armonía, existe un equilibrio natural entre ambos y se respetan recíprocamente."*
>
> David Herbert Lawrence

Te voy a explicar muy, muy brevemente (casi es un "insulto" a la Historia de la Filosofía) por qué albergamos este concepto erróneo todavía en nuestras vidas.

Todo empezó con los **griegos** y sus grandes pensadores. Tan preocupados estaban por el conocimiento que quisieron dejarnos unos buenos cimientos en relación a la cultura, el pensamiento, etc.

Filósofo destacado, aunque no el único, fue nuestro amigo **Platón**. Él **dividió la realidad en dos mundos**: el mundo **sensible** y el mundo de las **ideas**. En el primero, quedaría todo lo que podemos percibir por los sentidos: lo que tiene vida y lo inerte.

El segundo mundo pertenece al alma humana. Es el mundo de las ideas de donde procede el verdadero conocimiento.

Ya está montado el lío, ya se ha creado la separación, la **dualidad entre cuerpo y mente** o, como ellos decían, cuerpo y alma.

Con el tiempo, llegaron los **romanos**. Estos eran más inclinados a disfrutar de los "placeres mundanos" y, por tanto, ensalzaron el cuerpo humano dándole mucha importancia al ejercicio físico.

De esta época es, nuestro también amigo, **Juvenal**. Posiblemente, no nos suena mucho su nombre pero si os cito una frase suya seguro que sí la habéis oído alguna vez: ***"Mens sana in corpore sano"***, mente sana en un cuerpo sano. Nos dio a entender que se buscaba un equilibrio ideal entre la mente y el cuerpo.

El tiempo transcurría, los siglos pasaban y nos encontramos en la **Edad Media**, época de gran poder de la Iglesia. Un tiempo en que se nos hizo creer que

nuestro cuerpo era demasiado terrenal, incluso indigno, que nos alejaba de lo divino, de Dios. Y, por tanto, teníamos que mortificarlo para que, mediante este camino de purificación, llegáramos a alcanzar la unión con el Alma divina que tantos santos nos hicieron anhelar. Recordamos, entre otros, a **San Agustín Santo Tomás ...**

Casi 1000 años de abandono total del cuerpo en todos los sentidos porque la palabra, el concepto **cuerpo** era sinónimo de pecado.

Pero como dice el refrán: "*Después de la tempestad viene la calma*" o con una pequeña variación: después de la tempestad… viene la luz.

¿Cansado de tanta filosofía? ¡Espero que no!

Y esa luz llegó en forma del **Racionalismo Científico.** Nos estamos situando alrededor de los siglos XVII-XVIII. En esta corriente filosófica destaca el papel de la razón en la adquisición de conocimientos. Y aquí aparece otro famoso amigo nuestro: **René Descartes**.

Este aseguraba que solo a través de la razón se podían descifrar las verdades universales. Creó muchos conceptos que, a día de hoy, rigen algunas leyes del conocimiento en algunos ámbitos de estudio.

Doy por hecho que os suena la frase: **"Pienso, luego existo"** o en latín: *"Cogito ergo sum"*. Os quiero explicar por qué es importante destacarla. Descartes pensaba que en el mundo físico todo se rige por unas leyes y entonces…¿qué pasa con la mente? Esta no encajaba en esas presuposiciones físicas.

Y al no poder aplicar los mismos supuestos a ambas realidades - mundo físico y mundo de la mente- recurrió a esta explicación que viene a decir, de forma simplificada, lo siguiente: **el mundo objetivo, el estudio del cuerpo, es tarea de la ciencia y el estudio de la mente compete a la religión**. Hay que poner en duda la parte del conocimiento que nos llega a través de los sentidos. Esto se conoce como **el eje cartesiano.**

Esta filosofía ha estado presente en nuestras vidas hasta bien entrado el s. XX. Dividir el conocimiento ha impedido que la ciencia tenga una visión global de todo lo que ha aprendido. No sabíamos que, para llegar a alcanzar la **sabiduría,** además de usar la mente, es necesario desarrollar otras facultades tan propias del ser humano como la imaginación y la intuición.

Te ofrezco este **cuento anónimo** que intenta ilustrar la parcialidad del conocimiento humano.

"**H**abía una vez un príncipe de un pequeño reino de la India que quiso averiguar cómo veían los ciegos el mundo.

Para ello, llamó a cinco ciegos y los puso delante de un elefante.

El juego consistía en que los ciegos, por medio del tacto, tenían que averiguar qué era la cosa que tenían enfrente.

El primero palpó la trompa y dijo que le parecía una serpiente de gran tamaño, y se asustó al pensar que podía haber más por los alrededores.

El segundo tocó una pata y dijo que era la columna de un templo.

El tercero tocó la cola y dijo que era una soga.

El cuarto palpó una oreja y dijo que parecía ser un gran cortinón.

Por último, el quinto, que era el más listo, pidió que le subieran a lo más alto de la cosa. Había oído las conclusiones de sus compañeros invidentes y, sentado dentro de un cajón sobre el lomo del elefante, dijo que la cosa era un templo con cortinas y columnas, que estaba lleno de serpientes y que para salvarse de ellas, había una soga para subir al tejado del templo."

La visión de la ciencia así como, en ocasiones, la nuestra, es parecida a la de los invidentes del cuento: una visión fragmentada y no global de la realidad en la que vivimos.

Retomo la mini-clase de Filosofía para decirte que hasta bien entrado el s. XX y con el nacimiento de la **Neurociencia** y la **Neuropsicología** no empiezan a cambiar estas ideas de dualismo mente-cuerpo.

Ya en nuestro siglo, estamos empezando a darnos cuenta de que nuestra naturaleza humana, nuestro **SER**, no funciona por partes sino que **SOMOS UN TODO**.

> *"Conocí un segundo nacimiento, cuando mi alma y mi cuerpo se amaron y se casaron".*
>
> Khalil Gibran

Como dice Macarena Hengstenberg: "***No existimos independientemente del cuerpo en el que vivimos***. *(…) Y no solo vivimos en nuestro cuerpo;* ***el cuerpo es nuestra expresión interna hacia lo de fuera, es nuestra ventana al mundo,*** *y es además una constante fuente de información para nuestra vida. Somos* ***MENTE****, somos* ***EMOCIÓN****, somos* ***ENERGÍA****, y somos* ***CUERPO***".

Espero que este mini-resumen de la Historia de la Filosofía te haya servido para entender la evolución y el concepto actual de estas **realidades inseparables**.

¡Uf!... ¡Qué síntesis!

Amigo caminante, ¿me he explicado? ¿Te ha ayudado a entender? ¿Te ha quedado claro?

> *"Una mente sana en un cuerpo sano es una descripción corta pero completa de un estado feliz en este mundo".*
>
> John Locke

Este tesoro que te he regalado hoy,

¡TE VA A CAMBIAR LA VIDA!

Te he dicho que todo lo que cambia en tu cuerpo cambia tu mente, cambia tu pensamiento y este hace que cambien tus sensaciones y, por tanto, tus emociones. ¿A qué me refiero? Te explico, si cambias tu postura corporal o tu respiración o algún gesto facial o... cualquier otro aspecto de tu fisiología va a hacer que tu parte mental, tu pensamiento cambie.

Cada una de estas partes trabaja para el beneficio de la otra. Se influyen directamente la una a la otra. Cuando alteramos algún aspecto de nuestra parte física (respiración, temperatura, postura...) existe un cambio también a nivel mental, cambia tu actitud ante la vida, cambia tu comprensión del mundo, cambia tu percepción de tu situación personal y, en consecuencia, podemos cambiar nuestro estado interno: alegría, tristeza, ansiedad, depresión, ira...

Cuando cambiamos nuestros pensamientos o emociones también influyen poderosamente en nuestra parte física o corporal.

Si tenemos pensamientos negativos nuestro cuerpo lo refleja mediante la postura: hombros caídos, espalda curvada hacia delante, respiración superficial o entrecortada, fatiga...

Si sentimos rabia o ira tenderemos a mostrar tensión muscular, respiración acelerada...

Si tenemos pensamientos positivos nuestra fisiología lo expresará mediante la energía, la cabeza erguida, los hombros hacia atrás, la respiración amplia...

Es lo que se llama el **bucle cibernético**.

¿No te ha sucedido alguna vez que cuando te has encontrado enfermo o cansado hacer cualquier cosa se te ha hecho "un mundo"? ¿Y cuando te has sentido con energía física esta percepción ha cambiado? Nuestras condiciones fisiológicas han cambiado, la manera de ver nuestro mundo y cómo lo experimentamos también.

La fisiología es la herramienta más potente que tenemos para cambiar al instante nuestras sensaciones, emociones y pensamientos, es decir, nuestra situación, nuestro estado. No se puede experimentar una emoción sin que experimentemos un cambio en nuestro cuerpo.

Todo esto de lo que hasta ahora, posiblemente, no eras consciente, va a tomar un nuevo significado en tu vida.

EJERCICIO experiencial 1

Quiero que **compruebes** por ti mismo lo que te he explicado hasta ahora. Lee el ejercicio completo antes de realizarlo para que puedas seguir todos los pasos adecuadamente y no interrumpas el proceso.

1. Ponte de pie y **piensa** en un suceso desagradable en el que te has visto involucrado recientemente (una discusión, un accidente doméstico, una incomprensión de alguien al que quieres, una noticia inesperada, un desprecio...) Cuanto más desagradable sea, más notarás los cambios, aunque no quiero que te afecte excesivamente.

2. A ser posible con los ojos cerrados, **recuerda y vuelve a vivir** ese suceso con el mayor realismo posible, como si te estuviera sucediendo en este mismo momento. No pierdas ningún detalle.

3. Cuando creas que ya lo has recordado suficientemente, **¡para!** y vuelve a abrir los ojos.

4. **Observa tu cuerpo**: tu tensión muscular, tu respiración, la agitación interna… intenta localizar el mayor número posible de cambios con respecto al estado en el que estabas antes de realizar el ejercicio. (Puedes anotarlo en tu cuaderno personal).

Ahora vamos a cambiar la situación para que no te quedes con una sensación desagradable.

1. Ponte de pie y **piensa** en un acontecimiento agradable que has vivido recientemente (un paseo por el campo, una tarde divertida en familia, una noticia que te llena de alegría e ilusión…) Cuanto más agradable sea, más notarás los cambios, y mejor te sentirás después de haber realizado el ejercicio.

2. A ser posible con los ojos cerrados, **recuerda y vuelve a vivir** ese suceso con el mayor realismo posible, como si te estuviera sucediendo en este mismo momento. No pierdas ningún detalle.

3. Cuando creas que ya lo has recordado suficientemente, **¡para!** y vuelve a abrir los ojos.

4. **Observa tu cuerpo**: tu tensión muscular, tu respiración, tu sensación interior… intenta localizar el mayor número posible de cambios con respecto al estado en el que estabas en el ejercicio anterior. (Puedes anotarlo en tu cuaderno de ejercicios).

¡Qué amigo caminante! ¿Sorprendido? Espero que sí.

A parte de lo que has podido constatar sobre todo lo que te he explicado anteriormente sobre cómo mente y cuerpo están unidos y cómo ambos no se pueden entender por separado, quiero que te lleves **la lección** que esconde este ejercicio.

¡Ahí va! ¡Atento!

En cualquier momento de tu día a día puedes utilizar este recurso para cambiar tu estado interior negativo de tristeza, rabia, nostalgia, decaimiento… a positivo como alegría, ilusión, empoderamiento, fortaleza… recordando una situación positiva que te haya ocurrido recientemente o que tú guardes en tu corazón con especial cariño y que te ayude a alejar tus pensamientos negativos y sincronizarlos con tu fisiología para restablecer un estado interior positivo.

> *"Somos las únicas criaturas de la Tierra que pueden cambiar su biología por lo que piensan y sienten".*
>
> Deepak Chopra

Te propongo otro ejercicio que te será muy útil en tu vida diaria.

EJERCICIO experiencial 2

Nadie conscientemente dice: "prefiero sentirme triste, desgraciado o deprimido". Pero ya sabemos cómo se comportan los tristes, desgraciados o deprimidos: suelen andar con los ojos bajos, hombros caídos, respiración débil y superficial…

Lo mejor es que sabiendo como sabemos que la fisiología lo cambia todo, podemos en un ¡zas! cambiar cualquiera de estas emociones.

1. Ponte de pie con la columna vertebral erguida y firme.

2. Echa los hombros hacia atrás.

3. Respira hondo con respiraciones diafragmáti-

cas (que notes que tu abdomen sube y baja. Si no te sale porque no estás entrenado, las realizas con la parte alta de tus pulmones).

4. Levanta la mirada hacia arriba.

Ya estás preparado para cambiar tu emoción negativa en cualquier momento del día. E incluso te animo a que lo pruebes con algún amigo o familiar que esté pasando por un momento negativo y no sabe cómo cambiar la situación.

Piensa que ese malestar pasará y, no quiero desilusionarte, volverá a surgir. Lo que te he explicado no es cuestión de magia. Es cuestión de practicar, practicar y practicar y el "estar mal" es una elección tuya. **Tú eliges vivir en un estado o en otro.**

Ese tipo de emociones nos invaden a todos y, en ocasiones, nos superan. La cuestión es **hacernos conscientes** de que están ahí, de que las estoy manteniendo o incluso alimentando **y pasar a la acción** para hacer que desaparezcan.

Comparto contigo la siguiente leyenda **Cherokee**.

Este pueblo era nativo de América del Norte. Aunque existen algunas dudas sobre su atribución, sí que hay algunas referencias en su tradición oral, en algunas pequeñas sociedades de los Apalaches del sur.

"LA LEYENDA DE LOS DOS LOBOS"

"Una mañana un viejo cherokee le contó a su nieto una batalla que ocurre en el interior de las personas.

El anciano dijo:

- Hijo mío, la batalla se da entre dos lobos que están dentro de todos nosotros. Uno es malvado. Es ira, envidia, celos, tristeza, pesar, avaricia, arrogancia, autocompasión, culpa, resentimiento, soberbia, inferioridad, mentiras, falso orgullo, superioridad y ego.

El otro, en cambio, es bueno. Es alegría, paz, amor, esperanza, serenidad, humildad, bondad, benevolencia, amistad, empatía, generosidad, verdad, compasión y fe.

La misma batalla ocurre dentro de ti, y dentro de cada persona también.

El nieto lo meditó por un minuto y luego preguntó a su abuelo:

- ¿Qué lobo gana?

A lo que el abuelo respondió:

- AQUEL AL QUE TÚ ALIMENTES".

En este capítulo te he acompañado y tú has realizado algunos ejercicios para darte cuenta de la importancia que tiene el cuerpo en nuestro mundo interior y también cómo nuestras ideas y pensamientos influyen en él.

Tanto en la parte teórica como en los ejercicios, te has podido dar cuenta de que he nombrado siempre el tema de la **respiración**.

Es un recurso importantísimo para nuestra fisiología porque si sabemos respirar adecuadamente, la eficacia de las otras herramientas aumentará de manera sorprendente.

¡Uf¡ ¡Vaya, vaya! ¡Vamos a respirar un poco, amigo caminante! ¿Estás dispuesto? ¡Adelante!

11.000 litros. Sí, esa es la cantidad de aire que consumimos al día para poder abastecer de oxígeno a nuestro cuerpo y proporcionarle todos los nutrientes que necesita. Sin él, nuestras células morirían.

Y al expirar eliminamos toxinas y desechos de nuestro cuerpo. Con ambos ejercicios ayudamos a nuestro sistema linfático. Y junto con este, también fortalecemos nuestro sistema inmunitario.

De nuestra respiración depende nuestra existencia pero, no solo eso, también depende nuestra salud emocional y mental.

Numerosos estudios avalan que, oxigenar nuestro organismo, y como parte importante de él nuestro cerebro, mediante una respiración consciente (pausada, profunda, rítmica y suave) tiene enormes efectos positivos en nuestra productividad: tenemos mayor grado de claridad y creatividad para pensar y tomar decisiones.

No todo es necesario curarlo con pastillas...

La mayor dificultad se encuentra en que un 95% de personas no saben respirar adecuadamente.

Déjame que te explique un método sencillo para que controles adecuadamente tu respiración.

Sería conveniente que lo hicieras con **regularidad,** con utilizar cinco minutos de tu tiempo es suficiente. Con la práctica, puedes ir ampliando el tiempo. Piensa que cuanto más lo practiques antes cogerás el hábito de hacerlo y antes notarás sus efectos positivos.

Al principio, puedes buscar en tu casa un lugar sereno en el que te encuentres cómodo. Cuando lo hayas practicado con asiduidad, cualquier lugar será el adecuado para realizarlo: en tu trabajo, en un parque, paseando e incluso en la fastidiosa "cola" del supermercado.

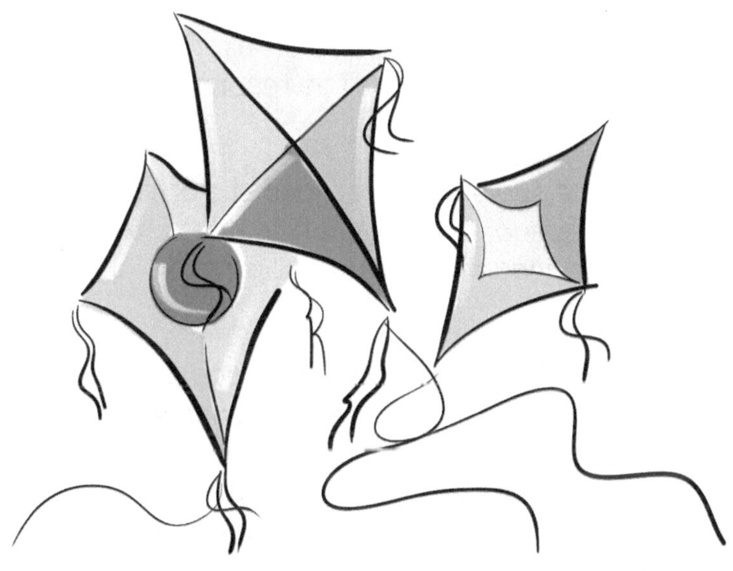

Los beneficios que te reportará este sencillo ejercicio son muy importantes y rápidos. En un mes notarás mejoras en tu equilibrio interior. Te sentirás **más tranquilo, relajado, tomarás con más claridad tus**

decisiones y sentirás que controlas más tus emociones y sentimientos.

Es muy importante respirar por la nariz y con el abdomen, para llenar el máximo posible nuestros pulmones de oxígeno, en lugar de hacerlo con el pecho que es una respiración más superficial. Si no estás acostumbrado a realizar este tipo de respiración, al principio, te costará un poco, pero no hay nada que no se arregle con la práctica.

Un pequeño truco es concentrar tu atención en el abdomen mientras respiras, o bien realizar ejercicios complementarios de focalización alrededor del ombligo para dominar este tipo de respiración.

Verás que te sugiero que realices el **ejercicio sentado** y no tumbado, es porque en esa posición podrías acabar durmiéndote y no es el objetivo del ejercicio.

Pero si eres de los que les cuesta dormir, lo puedes utilizar con ese objetivo. Tu sistema nervioso se tranquilizará y podrás conciliar mejor el sueño. Aunque lo mejor para dormir es descubrir cuál es la causa de la inquietud e intentar solucionarla, si es que está en "nuestras manos".

¿Preparado para llevar a la práctica el ejercicio? ¡Adelante!

EJERCICIO experiencial 3

1. Siéntate en un lugar en el que estés cómodo (silla, butaca, sillón…) con la espalda recta. No cruces las piernas, deja que tus pies estén en contacto con el suelo. Según donde te encuentres, lo puedes hacer descalzo o calzado. Sería conveniente que la ropa que lleves no te oprima en ninguna parte del cuerpo. Puedes aflojar el cinturón, cuello de la camisa, corbata, cremallera de la falda o pantalón... El objetivo es doble: que el aire fluya y no encuentre impedimentos y que te sientas lo más cómodo posible.

2. Coloca una de tus manos en el pecho y la otra en el abdomen. No te indico cuál de ellas para respetar tus preferencias.

3. Toma aire y expúlsalo con suavidad intentando concentrarte en el abdomen. Si no lo dominas...¡ya sabes! A practicar.

4. Realiza tres o cuatro inspiraciones y expiraciones profundas. No dejes de sentir el movimiento de tu abdomen.

5. Manteniendo las manos en la misma posición, cierra los ojos y respira con normalidad, como lo harías habitualmente. En silencio, ves contando cada respiración completa hasta llegar a diez. Si mientras cuentas te pierdes vuelves a empezar desde el uno.

6. Si llegas hasta diez, puedes continuar contando hasta 20, 30,…respiraciones completas. No olvides que si te pierdes debes comenzar a contar de nuevo. A la vez que cuentas, mantén la atención en tu abdomen o pecho y siente como sube y baja.

Durante el ejercicio te asaltarán pensamientos como: tengo que comprar…, tengo que llamar a…, no quiero olvidarme de…, la culpa ha sido de… y alguno más. Intenta no engancharte con ellos y menos luchar, tienen las de ganar.

En cambio, si no te resistes, los aceptas y dejas que se vayan tal como vinieron, los vencerás. Eso sí, te vuelves a concentrar en tu respiración y a contar de nuevo.

¿A qué ha sido sencillo? ¡Lo has hecho fenomenal! ¡La práctica te llevara al ÉXITO total!

Amigo caminante, no quiero extenderme más en este capítulo. Creo que tienes unas pinceladas muy sencillas y claras para empezar a trabajar con tu fisiología.

Entenderás que, sobre este tema, me queda mucho por contarte para que puedas profundizar en tu crecimiento y desarrollo personal, para ayudarte a conocerte cada vez más a ti mismo y seas el verdadero **protagonista de tu vida.**

Como sé que no eres un conformista y quieres profundizar más en este ámbito, te invito de corazón a que amplíes tu conocimiento y adquieras nuevas estrategias y herramientas en el siguiente libro en el que mostraré más ampliamente la **SABIDURIA DE NUESTRO CUERPO.**

Es imposible decirte ¡adiós!, así que te digo ¡hasta luego, amigo caminante! Nos volvemos a encontrar en el siguiente capítulo.

RESUMIENDO... **EL CUERPO ES LA PALANCA DEL CAMBIO. ¿QUÉ VAS A HACER?**

✓ **Prestar** atención a la sabiduría de mi cuerpo.

✓ **Practicar** los ejercicios del capítulo.

✓ Utilizar los **recursos** que conozco para **cambiar** mi **estado interno**.

✓ Contestar las preguntas de mi cuaderno personal **Tu camino empieza...ahora**

5

TU VOZ INTERIOR

> *"Lo que piensas, lo serás. Lo que sientas, lo atraerás. Lo que imagines, lo crearás".*
>
> Buda

Amigo caminante… gracias por seguir aquí. Ya llevas muy avanzado el libro. Sigue así. Como ya te he dicho en alguna ocasión: **no tienes excusas, todo depende de ti.**

En este capítulo te voy a hablar de la comunicación. ¡Sí, sí de la comunicación! Aunque ya te darás cuenta de que es una comunicación peculiar, diríamos diferente.

En el capítulo 2 te hablé de despertar, de vivir consciente. El mensaje final fue: **vive intensamente cada instante de tu vida**.

Pues… uno de lo enemigos de la consciencia es tu voz interior, ese diálogo interno que mantienes contigo mismo y que te acompaña a todas horas. Es la voz de los pensamientos, instintos y deseos.

Ese diálogo que te está separando de la realidad y del momento presente. Así es, no solamente nos comunicamos con los otros o el mundo, también lo hacemos con nosotros mismos.

Cuando repites la lista de la compra mentalmente, eso es un diálogo interior. Cuando te preguntas mentalmente qué vas a preparar a tu familia para comer, es un diálogo interior. Cuando piensas la reacción que tendrás ante la visita de un amigo, eso es diálogo interior. Cuando por la mañana te preguntas qué ropa te vas a poner y sopesas sus pros y contras, eso es diálogo interior. Cuando vas por la calle y recuerdas que tienes que hacer un recado, eso es diálogo interior.

¿Habías caído en la cuenta? ¿Sí...? ¿No...?

Pero no siempre utilizamos nuestra voz interior para que nos ayude de una manera práctica en nuestro día a día. No sólo nos dice qué debemos o qué queremos hacer o cómo fueron las cosas...

¿Qué más nos dice nuestra voz interior...?

Muchas de las cosas que hacemos en la vida están determinadas por esta voz interior, por la manera en que nos comunicamos con nosotros mismos. Delimita la manera de relacionarnos con nosotros y con el mundo que nos rodea.

La comunicación es poder y este lo podemos utilizar de manera positiva o de manera negativa. Podemos empoderarnos o caer en el desánimo. Todo se alimenta de este tipo de comunicación.

En este capítulo, vamos a dar un paso más para que seas consciente de ese diálogo interno, puedas identificarlo y para que realices las acciones necesarias para cambiarlo.

Piensa que **trabajar este aspecto te hará salir de tu zona de confort.** Pero te aseguro que va a cambiar tu forma de verte a ti y tu forma de vivir la vida.

Tu voz interior, tu diálogo interno, es un pensamiento que camina como en un círculo, no llega a ningún sitio, da vueltas y vueltas. Supongo que de ahí viene la expresión *"le estoy dando vueltas al coco"*. No existe resultado alguno.

Algunas personas tienen serias dificultades para concentrarse en actividades cotidianas y sencillas, porque mantienen un continuo diálogo mental que les lleva del pasado al futuro y del futuro al pasado. Es un diálogo improductivo y, lo más importante, les **resta energía para vivir el presente**.

Tus pensamientos te influyen en tu vida y también en la de todos los que te rodean. Pueden ser una fuente de bienestar y alegría o pueden ser un motivo de conflictos y bloqueos con otras personas. Con frecuencia, proyectamos en los demás nuestros conflictos interiores.

> *"No nos afecta lo que nos sucede, sino lo que nos decimos acerca de lo que nos sucede".*
>
> Epicteto

A veces, nos dedicamos palabras que nunca les diríamos a otras personas. Estas tienen un gran impacto en nuestra neurología y, sin darnos cuenta, son la causa de los sentimientos que a veces experimentamos por dentro… y que con el tiempo, de una manera u otra, se reflejan en el exterior.

Si estás enfadado contigo mismo porque algo no te ha salido como tú querías, o has recibido una mala noticia, o has tenido un incidente en el trabajo y no has sabido gestionar esa emoción y, además, tu voz interior ha añadido "leña al fuego" con comentarios que te ha hecho, posiblemente eso lo traslades al exterior y se manifieste en una discusión con alguien que, aparentemente, no tenía nada que ver con todo eso.

Como profesora, he oído a algunos alumnos que se decían a sí mismos:

- "Esto no me saldrá nunca".
- "Las Matemáticas no se me dan bien".
- "Soy tonto".
- "No sé dibujar"…

Y yo siempre les digo:

- "Cuidado con lo que te dices a ti mismo porque, al final, te lo creerás y lo que crees se hace realidad".

E intento dar la vuelta a sus pensamientos haciendo que se digan a sí mismos frases como estas:

- "Ahora no me sale pero si practico lo suficiente lo lograré".

- "Soy inteligente. Este ejercicio no me ha salido bien pero seré capaz de encontrar la manera de resolverlo. Otros ejercicios sí que me han salido bien."

> *"Tanto si piensas que puedes, como si piensas que no puedes, estás en lo cierto".*
>
> Henry Ford

¿Dónde está tu autoestima? **¿Por qué te tratas mal? ¿Te insultas? ¿Crees que te lo mereces?**

¡CÉNTRATE EN TODO LO POSITIVO QUE POSEES!

Incluso cuando cometes algún error, hay miles de cosas que haces bien, incluso muy bien. Y ya sabes, porque lo hemos comentado en otros capítulos, que la actitud es aprender de los errores, **los fracasos nos hacen crecer y sacar de nosotros nuestra mejor versión, nuestro mejor Yo.**

¡Abraza tu voz interior, abrázate! Siente la complicidad entre tu voz y tú.

En la lengua náhuatl, hablada en México, a este gesto lo denominan **"apapachar"** que viene a ser un abrazar o acariciar con el alma.

Sentirse **acariciado por el alma** es sentir nuestra unión perfecta entre cuerpo, mente y alma. Nos da una paz desbordante porque no hay nada que nos haga sentirnos mejor que sentirnos amados.

Es sentir que, por un instante, el tiempo se ha parado y solo existes **TÚ.**

¡APAPÁCHATE SIEMPRE QUE PUEDAS!

> *"La persona más influenciable con la*
> *que hablarás todo el día, eres tú.*
> *Por favor, ten cuidado con lo que te dices".*
>
> Zig Ziglar

¿Te atreves a cambiar tu relación contigo mismo?
¿Te atreves a cambiar tu relación con los otros?

Amigo caminante, Anthony de Mello te regala una perla de sabiduría en forma de cuento de su libro *La oración de la rana.*

*"**F**recuentando un campo de golf japonés, un turista americano descubrió que, por lo general, los mejores "caddies" eran mujeres.*

Un día llegó bastante tarde y tuvo que tomar como "caddie" a un jovencísimo muchacho de diez años que apenas conocía el campo, tenía muy poca idea de golf y no sabía más que tres palabras en inglés.

Pero aquellas tres palabras hicieron que el turista no quisiera ya otro "caddie" durante el resto de sus vacaciones.

Después de cada golpe, independientemente de su resultado, el pequeño rapaz golpeaba el suelo con el pie y gritaba entusiasmado:

-¡Qué fantástico golpe!".

Te invito a realizar los siguientes ejercicios que te ayudarán a desterrar esas conversaciones inútiles y perjudiciales... **¡Lo puedes conseguir! ¡Ánimo y... adelante!**

"Si nunca nos damos la oportunidad de experimentar el silencio, esto crea una turbulencia en nuestro diálogo interno".

Deepak Chopra

Puedes utilizar, como ya lo vienes haciendo, tu cuaderno personal **Tu camino comienza... ahora** para anotar todo lo que te vaya sugiriendo cada ejercicio.

EJERCICIO experiencial 1

Este ejercicio es muy **sencillo** y **esclarecedor**. Te muestro los pasos:

1. **Sé consciente de tus pensamientos**.

   A lo largo del día, sé consciente, percátate de las palabras o frases que utilizas en tu diálogo interno (tu voz interior) para explicar las situaciones o experiencias que vas viviendo.

2. **Toma nota de tus diálogos internos**.

   Apunta en tu cuaderno personal **Tu camino comienza... ahora** las palabras o frases que te dices a ti mismo. Esto te ayudará a ser más objetivo con las expresiones que utilizas porque las estás sacando de su contexto.

3. **Clasifica tus pensamientos**.

   Al acabar tu día o cuando dispongas de un momento, clasifícalos en tres columnas: positivos, neutros o negativos.

4. **"Haz el cambiazo".**

Sustituye las palabras o expresiones negativas por otras neutras, las neutras por positivas, y las positivas, cámbialas por otras que sean todavía más positivas.

5. **Incorpóralo a tu diálogo.**

Este es el apartado más exigente y que conlleva más trabajo. No quiero que creas que, por el hecho de escribirlo en tu cuaderno personal y "por arte de magia", todo va a cambiar. Además…, entiendo que estás dispuesto a realizarlo porque **está en juego tu crecimiento y tu bienestar personal.**

Te muestro algunos ejemplos que puedes utilizar para cambiar ese significado negativo a **positivo**:

- "Nunca podré…" cámbialo por "**Voy a seguir intentándolo**".

- "Todo el mundo lo hace mejor que yo" cámbialo por "**Lo estoy haciendo bien y me estoy esforzando en conseguir lo mejor**".

- "No me va a hacer caso" cámbialo por "**seguro que algo de lo que le explique le resultará muy interesante**".

- "Estoy haciendo el ridículo" cámbialo por **"Me lo estoy pasando genial"**.

- "Ahora tengo suerte y las cosas me van bien" cámbialo por **"Yo construyo lo que deseo para mí"**.

Paso a paso, amigo caminante, notarás el cambio. Ya lo dijo hace más de veinte siglos el gran filosofo chino, Confucio: " *No importa la lentitud con la que avances, siempre y cuando no te detengas*".

No quiero dejar de citar a "mi compañero de trabajo", Gustavo Cerati. Siempre, siempre está a mi lado. Me inspira desde mi escritorio (en forma de placa) y me recuerda constantemente: *"Jamás te des por vencida, las grandes cosas llevan su tiempo"*.

Cuanto más tiempo dediques a cambiar tu voz interior, hasta que se convierta en algo automático, más rápidamente notarás el cambio.

> *"La paciencia y perseverancia tienen un efecto mágico ante el que las dificultades desaparecen y los obstáculos se desvanecen".*
>
> John Quincy Adams

Te muestro un ejercicio que también te será de mucha utilidad. En este, trabajaremos con tres técnicas diferentes que te ayudaran a eliminar tu voz interior negativa.

EJERCICIO experiencial 2

Primero te explicaré las técnicas de manera aislada para que las puedas practicar una a una. En la segunda parte uniremos las tres y haremos un "3 en 1". Se convertirá en un solo ejercicio.

1. Busca un lugar de tu casa tranquilo y sereno. Siéntate cómodamente y procura estar lo más relajado posible.

2. **Primera técnica: detener el pensamiento negativo**.

   Cierra los ojos y trae a tu mente el pensamiento negativo que intentas desechar. Cuando ya lo tengas claramente en tu cabeza, (incluso puede ir acompañado de la situación en concreto en la que te sucedió) y empieces a sentirte mal, grita la palabra "BASTA", "ALTO", "STOP" o "PARA" con la que mejor te encuentres tú. El grito, primero lo debes hacer en voz alta, con fuerza, con deseos de que se acabe el pensamiento. Después, con la práctica, el grito lo realizarás interiormente.

3. **Segunda técnica: respiración.**

Cierra los ojos, respira profundamente y después mantén tu respiración habitual y cuenta mentalmente hasta diez. Este ejercicio ya te lo he explicado en el capítulo 4: "la palanca del cambio", en el que hablo de la importancia de la fisiología y de la unión mente-cuerpo.

4. **Tercera técnica: recuerdo positivo.**

Esta técnica consiste en que te imagines una experiencia agradable que hayas tenido en tu vida (puede ser reciente, de tu pasado próximo o incluso de tu pasado lejano si es significativa para ti). Me consta que has tenido muchas, por tanto, elige la que tú quieras y con la que más a gusto te sientas. Por ejemplo: un día en la playa, en el campo o en la montaña, haciendo deporte, escuchando música, saboreando tu plato favorito...

Cierra los ojos y visualiza todos los detalles posibles de la experiencia que has elegido: lugar, tiempo, personas, ropa, colores, objetos, sonidos, voces, olores... Si no estás acostumbrado a rememorar (visualizar) con tanto detalle una experiencia, ¡ya sabes!, la práctica lo hace todo. Cada vez recordarás más detalles, la experiencia será más rica y llegará un momento en que la sentirás como si la estuvieras viviendo en ese mismo instante.

Te explico lo que estamos consiguiendo con estas técnicas. Si te dices a ti mismo la palabra "BASTA", "ALTO", "STOP" o "PARA", detienes el pensamiento negativo. Además, luego te relajas con la respiración y, como es probable que te vuelva ese pensamiento negativo en un tiempo, debes ocupar tu mente con otro pensamiento, en este caso agradable. Este sirve de distracción al pensamiento negativo.

5. **Unión de las tres técnicas.**

Es el momento de hacer las tres técnicas en un solo ejercicio.

Cierra los ojos y trae a tu mente un pensamiento negativo. Cuando ya lo tengas, grita "BASTA", "ALTO", "STOP" o "PARA". Respira profundamente un par de veces y luego vuelve a tu respiración habitual contando hasta diez. Esta respiración relajada puede durar unos minutos (entre 2 y 5 aproximadamente). Después recréate en tu experiencia positiva elegida anteriormente.

La clave de este y de todos los ejercicios que te he ido explicando está en la práctica, práctica y más práctica. No sé si me he explicado: ¡**PRACTICAR!**

Esto es como aprender a jugar a fútbol, montar en bicicleta o conducir (¿o tú te saltaste la prácticas para sacarte el carnet de conducir?) Simplemente por leer el ejercicio no va a cambiar nada en tu mente, tu voz interior continuará, sistemáticamente, dándote la "tabarra".

¡Caramba! ¡Qué ejercicio! ¿Eh?

Amigo caminante, ¡relájate! **¡Tú puedes con esto y con mucho más!**

Ya sabes que yo estoy a tu lado, pero el camino lo has de recorrer tú. Trabaja duro y seguro que esa voz interior que tanto te molesta se irá apagando suavemente.

Te contaré una anécdota que cuenta Anthony de Mello:

"*Un maestro estaba explicando en clase los inventos modernos.*

- Quién de vosotros puede mencionar algo importante que no existiera hace cincuenta años,
- preguntó.

Un avispado rapaz que se hallaba en la primera fila levantó rápidamente la mano y dijo:

- Yo."

¡ARRIBA LA AUTOESTIMA!

Amigo caminante. Te voy a mostrar otro ejercicio que, además de ayudarte para ir cambiando tu voz interior, te ayudará a descubrir **lo valioso y maravilloso que eres**, la cantidad de cualidades que puedes compartir contigo mismo y con todos los que te rodean, la cantidad de vidas que puedes transformar si te crees **lo fabuloso que eres**.

EJERCICIO experiencial 3

El ejercicio consiste en que reflexiones y contestes algunas preguntas que te voy a realizar. Tómate el tiempo necesario para contestarlas. Si no lo puedes hacer todo seguido, puedes acudir a ellas siempre que lo desees. Además, según vayan pasando los días, te irás dando cuenta de que cada vez puedes ampliarlas más y más y más…

También podrás releerlas tantas veces como quieras y eso te llevará a unos estados internos de poder y de valía. ¡Deja de lado esos pensamientos "nocivos" para ti y **empodérate con lo que realmente eres.**

¡TÚ ERES MUCHO MÁS QUE TUS PENSAMIENTOS!

¡Venga! ¡Al grano! Me he animado y todavía no te he realizado las preguntas. (Puedes contestarlas en tu cuaderno personal: "tu camino empieza…ahora").

- ¿Cuáles son tus mejores cualidades?
- ¿Cuáles son tus fortalezas?

- ¿En qué eres muy bueno?

- ¿Qué destacan los demás de ti?

- ¿Cuántos éxitos has tenido ya en tu vida?

- ¿En qué puedes manifestar lo mejor de ti?

- ¿Quiénes te quieren?

- ¿Por qué te quieren?

- ¿Qué supone para ti su amor?

- ¿Qué… Quién…Cuándo…?

Puedes añadir todas las que tú quieras, el único objetivo es que te des cuenta de que eres **ÚNICO E IRREPETIBLE** y de que **cada paso que das en positivo te hace avanzar en tu camino de VIDA**.

¡Hale!, amigo caminante, tienes trabajo por delante. Cuando acabes habrás descubierto un montón de aspectos interesantes de ti.

¡Ah! ¡Casi me olvido!, quería darte un consejo final.

Otro aspecto importante en el que debes fijarte y prestar atención es en el vocabulario que utilizas cuando inicias una acción, un trabajo... Me explico, en muchas ocasiones utilizamos las expresiones:

- Tengo que…

- He de…

- Debería, debo…

Por ejemplo:

- Tengo que ir a comprar. Tengo que ir a trabajar.

- He de ir al gimnasio. He de programarme el día.

- Debería hacer la comida. Debería organizar la excursión del grupo de amigos.

Estas expresiones indican obligación y predisponen a nuestra mente de manera negativa para su realización.

Podemos cambiarlas por otras que nos encaminen a la acción de una manera más positiva, darnos la posibilidad de elección o de una probable solución elegida por nosotros.

Esas expresiones son:

- Quiero…

- Me gustaría…

- Deseo…

- Podría

Mira cómo cambia la sensación que tienes, utilizando estas expresiones con los ejemplos anteriores.

Ejemplos:

- **Quiero** ir a comprar para dejar las comidas del fin de semana organizadas.

- **Deseo** ir hoy a trabajar y realizar la presentación tan fabulosa que he preparado para el nuevo producto.

- **Podría** ir al gimnasio para sentirme después más activo.

- **Quiero** programarme el día para aprovechar al máximo el tiempo.

- **Deseo** hacer una buena comida para que mi familia esté contenta.

- **Me gustaría** organizar la excursión con los amigos para que disfrutemos del día.

¿Sorprendido? Estoy segura de que sí. Es un cambio total. Tu voz interior y tú mismo lo agradeceréis.

No quiero acabar sin convidarte a que leas este cuento de Idrie Shah. ¡No he podido resistirme a compartirlo contigo!

"EL RÍO"

*"**H**abía una vez dos monjes Zen que caminaban por el bosque de regreso al monasterio.*

Cuando llegaron al río, una mujer lloraba en cuclillas cerca de la orilla. Era joven y atractiva.

- ¿Qué te sucede? - le preguntó el más anciano.

- Mi madre se muere –contestó ella. Está sola en su casa, al otro lado del río y yo no puedo cruzar. Lo intenté - siguió la joven - pero la corriente me arrastra y no podré llegar nunca al otro lado sin ayuda... pensé que no la volvería a ver con vida. Pero ahora... ahora que aparecisteis vosotros, alguno de los dos podrá ayudarme a cruzar...

- Ojalá pudiéramos - se lamentó el más joven. Pero la única manera de ayudarte, sería cargarte a través del río y nuestros votos de castidad nos impiden todo contacto con el sexo opuesto. Está prohibido... lo siento.

- Yo también lo siento - dijo la mujer y siguió llorando.

El monje más viejo se arrodilló, bajó la cabeza y dijo:

- Sube.

La mujer no podía creerlo, pero con rapidez tomó su atadito con ropa y montó a horcajadas sobre el monje.

Con bastante dificultad el monje cruzó el río, seguido por el otro más joven.

Al llegar al otro lado, la mujer descendió y se acercó en actitud de besar las manos del anciano monje.

- Está bien, está bien - dijo el viejo retirando las manos -, sigue tu camino.

La mujer se inclinó con gratitud y humildad, tomó sus ropas y corrió por el camino al pueblo.

Los monjes, sin decir palabra, retomaron la marcha al monasterio..... Faltaban aún diez horas de caminata.

Poco antes de llegar, el joven le dijo al anciano:

- Maestro, vos sabéis mejor que yo de nuestro voto de castidad. No obstante, cargaste sobre tus hombros a aquella mujer todo el ancho del río.

*- Yo la llevé a través del río, es cierto, ¿pero **qué pasa contigo que la cargas todavía sobre tu cabeza?**"*

¡Hasta el siguiente capítulo, amigo caminante!

¡Disfruta de todo lo que has aprendido y, sobre todo, **DISFRUTA DE TI!**

RESUMIENDO... **TU VOZ INTERIOR MARCA LA DIFERENCIA. ¿QUÉ VAS A HACER?**

✓ **Centrarme** en todo lo **positivo** que poseo.

✓ **Hablarme con cariño.**

✓ Realizar los **ejercicios** del capítulo para ir cambiando, paso a paso, mi voz interior.

✓ Contestar las preguntas de mi cuaderno personal **Tu camino empieza…ahora.**

6

¡EMOCIÓNATE!

Amigo caminante, como ves, yo sigo aquí y veo que tú también. Gracias por seguir leyendo. Estás demostrando que verdaderamente te interesa tu crecimiento personal.

Hace tiempo que no te pregunto cómo llevas **tu cuaderno personal.** Perdona que insista, pero creo que es muy importante que lo contestes. Es un medio que te ayudará a conocerte cada vez más y a avanzar en tu camino hacia la verdadera **VIDA.**

También te interesa poner en práctica todos los ejercicios que te ido mostrando a lo largo de los distintos capítulos. ¡Aprovéchalo!

Ya te lo he dicho en otras ocasiones: **la práctica es fundamental.** No solamente con leer va a cambiar tu vida, sino que, paso a paso, irás incorporando esa práctica en tu vida y será muy provechosa para ti.

Son ejercicios **sencillos** de realizar que te ayudarán en tu proceso, ya que son muy eficaces y **poderosos.**

Iniciamos un nuevo capítulo: **¡EMOCIÓNATE!** Y te quiero explicar que este capítulo es la consecuencia de los tres anteriores: "Somos creadores de nuestra realidad", "La Palanca del cambio", en el que nos referíamos a la fisiología, y "La voz interior"; y cada uno de estos aspectos dan lugar a crear una EMOCIÓN.

Para empezar esta nueva etapa de tu proceso, te ofrezco un hermoso cuento anónimo que se titula **"Hacer café"**.

"HACER CAFÉ"

"*Una hija se quejaba con su padre acerca de su vida y de cómo las cosas le resultaban tan difíciles. No sabía cómo hacer para seguir adelante y creía que se daría por vencida. Estaba cansada de luchar. Parecía que cuando solucionaba un problema, aparecía otro.*

Su padre, un chef de cocina, la llevó a su lugar de trabajo. Allí llenó tres ollas con agua y las colocó sobre el fuego.

*En una colocó **zanahorias**, en otra colocó **huevos** y en la última colocó **granos de café**. Las dejó hervir sin decir palabra.*

La hija esperó impacientemente, preguntándose qué estaría haciendo su padre. A los veinte minutos, el padre apagó el fuego, sacó las zanahorias y las colocó en un tazón. Sacó los huevos y los colocó en un plato. Finalmente, coló el café y lo puso en un tercer recipiente.

Mirando a su hija le dijo:

- Querida, ¿qué ves?

- Ella contestó: - Zanahorias, huevos y café -fue su respuesta.

La hizo acercarse y le pidió que tocara las zanahorias, ella lo hizo y notó que estaban blandas. Luego le pidió que tomara un huevo y lo rompiera. Después de quitarle la cáscara, observó el huevo duro. Luego le pidió que probara el café. Ella sonrió mientras disfrutaba de su rico aroma.

Humildemente la hija preguntó:

- ¿Qué significa esto, padre?

Él le explicó que los tres elementos se habían enfrentado a la misma adversidad: agua hirviendo, pero habían reaccionado de forma diferente.

La zanahoria llegó al agua fuerte, dura; pero después de pasar por el agua hirviendo se había hecho débil, fácil de deshacer.

El huevo había llegado al agua frágil, su cáscara fina protegía su interior líquido; pero después de estar en agua hirviendo, su interior se había endurecido.

Los granos de café, sin embargo, eran únicos: después de estar en agua hirviendo, habían cambiado el agua.

- ¿Cuál eres tú, hija? **Cuando la adversidad llama a tu puerta, ¿cómo respondes?**, *le preguntó a su hija.*

¿Eres una zanahoria que parece fuerte pero cuando la adversidad y el dolor te tocan, te vuelves débil y pierdes tu fortaleza?

¿Eres un huevo, que comienza con un corazón maleable, poseías un espíritu fluido, pero después de una pérdida, una crisis, o un problema te has vuelto dura y rígida? Por fuera te ves igual, pero ¿Eres amarga y áspera, con un espíritu y un corazón endurecido?

¿O eres como un grano de café? El café cambia al agua hirviendo, el elemento que le causa dolor. Cuando el agua llega al punto de ebullición el café alcanza su mejor sabor.

Si eres como el grano de café, cuando las cosas se ponen peor tú reaccionas en forma positiva, sin dejarte vencer y haces que las cosas a tu alrededor mejoren, que ante la adversidad exista siempre una luz que ilumina tu camino y el de la gente que te rodea. Esparces con tu fuerza y positivismo el dulce aroma del café."

Amigo caminante, ¿Cuál eres tú? **¿Con cuál te identificas más?** No me cabe la menor duda de que eres el dulce aroma del café.

Después de este maravilloso cuento, retomo mi acercamiento al concepto de emoción y cómo los anteriores capítulos dan lugar a este nuevo.

Cualquier suceso, acontecimiento o situación que nosotros captamos a través de nuestros sentidos pasa por unos filtros, como ya te dije en el capítulo 3: "Somos creadores de la realidad". Esos filtros de la atención, del aprendizaje, de las creencias, de las expectativas, de la cultura… hacen que creemos nuestra propia percepción. Esta es la experiencia que nosotros tenemos del mundo. Y, como ya te dije, también es subjetiva.

Esa percepción que nosotros tenemos hace que adoptemos una fisiología concreta y, a su vez, creamos un diálogo interno. Ahí están unidos los tres capítulos porque dan lugar a una emoción sentida, crean una emoción en ti. Y esa **emoción es la que te lleva a la acción.**

Este proceso se produce de manera casi automática, sin pensarlo. No somos conscientes. En milésimas de segundo, creamos una emoción y esa emoción es lo que nos hace actuar en la vida.

Te he hecho un **esquema** que resume el proceso. Está en la página siguiente.

Cada uno de estos apartados los he explicado en diferentes capítulos porque creo que son suficiente-mente importantes como para dedicarles un capítulo a cada uno de ellos.

> *"La enseñanza de Sócrates "Conócete*
> *ti mismo", darse cuenta de los propios*
> *sentimientos en el momento en que estos*
> *tienen lugar, constituye la piedra angular de la*
> *inteligencia emocional".*
>
> Daniel Goleman

En este capítulo vamos a hablar de esa emoción que surge en nosotros. Esa emoción que puede ser positiva o negativa, y nos lleva a una acción con nosotros mismos y con el mundo que nos rodea y en el que vivimos.

Para disfrutar de una vida plena, llena de satisfacción y felicidad hemos de aprender a reconocer las emociones que surgen en nosotros.

Un primer paso muy importante es darnos cuenta, ser conscientes, de qué emoción estamos experimentado en un momento determinado: vivir el momento presente, entrar dentro de nosotros y discernir qué es lo que nos está pasando.

Este es el primer paso para poder disfrutar o cambiar nuestras emociones porque, como bien sabes, reconocer las emociones no es una cosa automática y simple, lleva su trabajo.

Algunas de las preguntas que podemos hacernos en un momento de consciencia, de reflexión son:

¿Qué es esto que estoy sintiendo?

¿Qué es lo que me está ocurriendo realmente?

¿Qué emoción es esta que estoy experimentando?

Puedes anotar en tu cuaderno personal **Tu camino empieza… ahora**, cuáles son las emociones que experimentas más a menudo. Te ayudará para conocerte mejor y poder cambiar alguna que no desees sentir con tanta frecuencia.

> *"Nuestras emociones están ahí para ser sentidas, pero no para dominar nuestra vida, ni cegar nuestra visión, ni robar nuestro futuro, ni apagar nuestra energía porque, al momento de hacerlo, se volverán tóxicas".*
>
> Bernardo Stamateas

Podemos cambiar nuestras emociones, cambiando algunos de los aspectos que hemos aprendido en los capítulos anteriores: nuestra fisiología o nuestro diálogo interno. Si tu cambias alguno de esos aspectos, evidentemente, cambiará tu emoción.

Porque ya sabes que una emoción es…

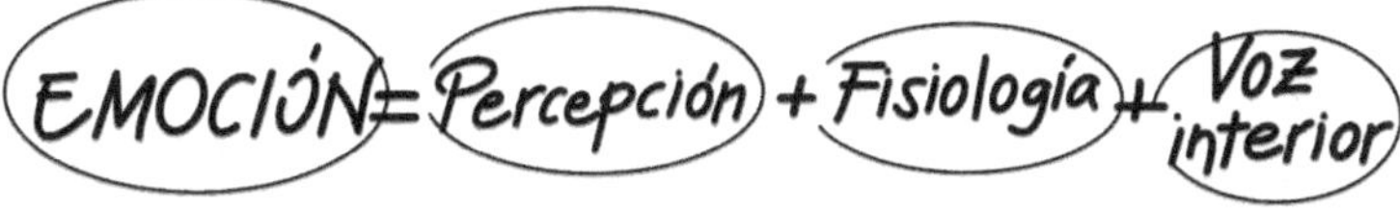

Es importante que distingamos entre el concepto de **emoción** y el concepto de **sensaciones** que tenemos a nivel corporal, son cosas diferentes.

Si tú te preguntas en un momento dado, ¿qué es esto que estoy sintiendo? Y tu respuesta es: "tengo un nudo en la garganta", "tengo un cosquilleo en el estómago", "tengo una presión en la boca del estómago", "tengo malestar lumbar"…

Eso no son emociones, son sensaciones corporales que tú tienes y responden a una emoción que puede ser: miedo, alegría, amor, duda,… eso sí son emociones.

Por otra parte, nos encontramos con el juicio que emitimos sobre esa emoción, si nos parece bien sentir eso o no.

Esa idea es conveniente desterrarla porque **las emociones no son ni buenas ni malas. Las emociones son alertas**. Y lo bueno o lo malo es la reacción que nosotros tenemos ante esa emoción, lo que hacemos con ella.

> *"Una emoción no causa dolor. La resistencia o supresión de una emoción causa dolor".*
>
> Frederick Dodson

De ahí la importancia de la consciencia para no dejarnos llevar por esas emociones sino que seamos nosotros los que las controlemos. El error está en el uso que nosotros hacemos de esas emociones. La emoción es neutra. Nosotros le damos el significado.

Nos encontramos con una primera dificultad que es la poca capacidad que tenemos para poner nombre a nuestras emociones y distinguirlas entre ellas.

> *"Sé consciente de que en este momento estás creando. Estás creando tu próximo momento basado en lo que sientes y piensas.*
> *Eso es lo que es real".*
>
> Dorothy Day

Si yo te dijera que hicieras una lista de todas las emociones que se te ocurrieran, ¿cuántas me dirías?

Cinco, siete, diez, ¿llegarías a veinte? ¡Uy, uy, uy! Amigo caminante, que te estoy viendo un poco preocupado...

El tener un conocimiento limitado de las emociones también nos hace no poder modificarlas y cambiarlas a nuestro gusto.

Cada emoción posee pequeños matices que la diferencian de otra u otras que a nosotros nos pueden parecer similares. Y estos matices son los que marcan la diferencia y, a la vez, son muy esclarecedores.

Cuando te hablo de conocer emociones, de saber distinguir nuestras emociones, de tener un vocabulario amplio sobre lo que nos puede estar pasando, es como la diferencia que existe entre ver la televisión en blanco y negro y verla en color.

Nosotros, posiblemente, conocemos nuestras emociones en blanco y negro, y nos estamos perdiendo toda la gama de colores de las emociones.

Te voy a poner algunos ejemplos:

No es lo mismo sentir **agobio** porque estás haciendo algo muy importante para ti y no tienes tiempo que experimentar **ansiedad**, que expresa una necesidad de prepararte mejor.

No es lo mismo el **desánimo,** que manifiesta una falta de vitalidad ante la vida, que la **desesperanza,** que significa una total creencia de que en la vida las cosas ya no saldrán bien.

> *"Si sigues huyendo de ti mismo, entonces te advertimos que el amor, la alegría y la paz también se irán lejos de ti".*
>
> Maddy Malhotra

Tendríamos que poder distinguir detrás de cada emoción cuál es la realidad que nosotros nos hemos imaginado, qué diálogo interno la ha acompañado y cuál ha sido nuestra reacción fisiológica.

Ahí sí que estaríamos descubriendo toda la riqueza de la emoción y seríamos capaces de cambiarla por otra que nos produjera una mayor satisfacción. Cambiarla mediante algún recurso fisiológico o de diálogo interno que ya te he explicado en capítulos anteriores.

Hasta que no seamos conscientes de cuáles son nuestras emociones, no las podremos cambiar. Nos estamos negando a nosotros mismos, el conocernos y el crecer. Nos negamos la satisfacción de moldear nuestras emociones para sentirnos mejor con nosotros mismos y con los demás.

Estamos dando "rienda suelta" a nuestras emociones y ya hemos descubierto que convivir con algunas de ellas no nos satisface.

> *"Plantamos semillas que florecen en nuestras vidas, por tanto, elimina las del odio, avaricia, envidia y duda".*
>
> Dorothy Day

Te propongo que pienses seis emociones que te gustaría experimentar para el resto de tu vida. Y después, quiero que pienses seis emociones que te gustaría no sentir nunca en tu vida, descartarlas para siempre.

Ay, ay, ay... este ejercicio tenía trampa. Me explico, como te he dicho antes, las emociones no son buenas ni malas.

Todas las emociones son útiles y convenientes en nuestra vida.

Están ahí para advertirnos, nos avisan de que algo requiere especial atención, bien en nuestro entorno o bien en nosotros.

"La ira, el resentimiento y los celos no cambian el corazón de los otros, solo cambian el tuyo".

Shannon L. Alder

Que no sea la emoción la que te lleve y te dirija a una acción de la que te arrepientas o te haga sentir mal, sino que seas tú quien elija la acción tomando las riendas de tu emoción.

Te dejo con este cuento anónimo que ilustra de manera extraordinaria lo que te he explicado.

"EL COLECCIONISTA DE INSULTOS"

"*Cerca de Tokio vivía un gran samurai, ya anciano, que se dedicaba a enseñar el budismo zen a los jóvenes.*

A pesar de su edad, corría la leyenda de que era capaz de vencer a cualquier adversario.

Cierto día un guerrero conocido por su total falta de escrúpulos pasó por la casa del viejo. Era famoso por utilizar la técnica de la provocación: esperaba que el adversario hiciera su primer movimiento y, gracias a su inteligencia privilegiada para captar los errores, contraatacaba con velocidad fulminante.

El joven e impaciente guerrero jamás había perdido una batalla.

Conociendo la reputación del viejo samurai, estaba allí para derrotarlo y aumentar aún más su fama.

Los estudiantes de zen que se encontraban presentes se manifestaron contra la idea, pero el anciano aceptó el desafío.

Entonces fueron todos a la plaza de la ciudad, donde el joven empezó a provocar al viejo.

Arrojó algunas piedras en su dirección, le escupió en la cara y le gritó todos los insultos conocidos, ofendiendo incluso a sus ancestros.

Durante varias horas hizo todo lo posible para sacarlo de sus casillas, pero el viejo permaneció impasible. Al final de la tarde, ya exhausto y humillado, el joven guerrero se retiró de la plaza.

Decepcionados por el hecho de que su maestro aceptara tantos insultos y provocaciones, los alumnos le preguntaron:

-¿Cómo ha podido soportar tanta indignidad? ¿Por qué no usó su espada, aun sabiendo que podría perder la lucha, en vez de mostrarse como un cobarde ante todos nosotros?

El viejo samurai repuso:

-Si alguien se acerca a ti con un regalo y no lo aceptas, ¿a quién le pertenece el regalo?

-Por supuesto, a quien intentó entregarlo -respondió uno de los discípulos.

-Pues lo mismo vale para la envidia, la rabia y los insultos, añadió el maestro. **Cuando no son aceptados, continúan perteneciendo a quien los cargaba consigo".**

Muchas personas se levantan por la mañana y no son conscientes de la emoción que los acompaña. Se levantan contentos o se levantan tristes y los acontecimientos que les van sucediendo a lo largo del día los anima o los deprime todavía más.

Por lo que nos distinguimos unos de otros es por la capacidad de pasar de la inconsciencia a la consciencia de nuestra situación limitante e intentar cambiarla.

En el deporte de élite, esto marca la diferencia. Los deportistas saben aprovechar sus recursos mentales para cambiar sus emociones y dar el máximo rendimiento posible.

Rafael Nadal, deportista al que yo admiro profundamente, nunca se da por vencido; juega cada pelota como si fuera única, como si fuera la definitiva para ganar el partido.

¿Crees que no tendrá sus momentos de "bajón"? ¿Que no ve las adversidades? ¿Que pasa por las pistas como un superhéroe?

Él tiene las mismas dificultades que tú o que yo. La diferencia está en que en todo momento se focaliza en ganar, en vivir el momento presente como si fuera el único y en controlar sus emociones para ponerlas a su servicio y que no le lleven donde el no quiere estar: en el pesimismo, la derrota, el cansancio, el dolor e incluso el miedo. Él sabe que es la única manera de vencer al contrincante.

Pero existe una mayoría de personas que ante la frustración, tristeza, aburrimiento, enfado… intentan poner **"parches" que alivien su dolor para no tener que sentirlo.**

"Parches" pero ¿de qué me estás hablando? ¡Ay, amigo caminante… te voy a ser sincera!

Los "parches" a los que me refiero son, por ejemplo, poner la televisión para que te distraiga de tu dolor. Te ríes un rato, te evades y te olvidas de tu realidad, pero resulta que cuando la apagas, la emoción desagradable sigue allí, te está esperando y te seguirá esperando fielmente hasta que no tomes "cartas en el asunto".

También te puedo decir que otro "parche" puede ser el alcohol, las drogas, los juegos, la comida… Todos ellos te alivian momentáneamente y, a la vez, van dejando una huella en ti. Esa huella tiene un precio que, tarde o temprano, tendrás que pagar y se añadirá a tu listado de emociones negativas en formas diversas pero, la más importante, en una **enorme falta de AUTOESTIMA**.

> *"No sentimos emociones para instalarnos en ellas, sino para actuar de una u otra manera".*
>
> José Antonio Marina

¡VAMOS, HAZ ALGO PARA NO SER DEL MONTÓN! ¡EL PODER ESTÁ EN TI! ¡LA VIDA ES MARAVILLOSA!

Y esa vida te está esperando… ¡fuera todas esas excusas que siempre tienes a mano! En el fondo, sabes perfectamente que son excusas. **No me digas que no puedes, dime que no sabes cómo o que no quieres. Dime que estás muy cómodo en tu incomodidad. Dime que ya te has acostumbrado. Dime…**

Esa también es una elección. Pero ya sabes… no tienes derecho a quejarte. La has elegido tú.

Te voy a ayudar un poco, ¿te parece bien? Lo voy a hacer a través del "poder transformador" que tienen los cuentos. Este, en concreto, nos narra la historia de dos halcones. No se conoce el autor.

"LOS DOS HALCONES"

"*Cuenta la historia que un rey de un país muy lejano recibió como obsequio en su cumpleaños dos pichones de halcón y los entregó al maestro de cetrería para que los entrenara.*

Pasados unos meses, el instructor le comunicó que uno de los halcones estaba perfectamente educado, había aprendido a volar y a cazar, pero que no sabía qué le sucedía al otro halcón: no se había movido de una rama desde el día de su llegada a palacio, e incluso había que llevarle el alimento hasta allí.

El rey mandó llamar a curanderos y sanadores de todo tipo, pero nadie consiguió hacer volar al ave. Encargó entonces la misión a varios miembros de la corte, pero a pesar de los intentos nada cambió; por la ventana de sus habitaciones el monarca veía que el pájaro continuaba inmóvil.

Publicó, por fin, un llamamiento entre sus súbditos solicitando ayuda, y a la mañana siguiente vio al halcón volar ágilmente por los jardines.

-Traed al autor de este milagro -dijo a su séquito. Al poco rato le presentaron a un campesino.

-¿Tú hiciste volar al halcón? ¿Cómo lo lograste? ¿Eres mago, acaso?

Entre feliz e intimidado, el hombrecito explicó:

-No fue difícil, Su Alteza: sólo corté la rama. El pájaro se dio cuenta de que tenía alas y se lanzó a volar".

Amigo caminante, ¿qué halcón eres?

El que suelta la seguridad de la rama, arriesga, aprende a volar y busca la superación personal…

O eres el halcón que se agarra a su rama que le da seguridad y a la que te has ido acomodando y necesitas que alguien la corte para que te des cuenta de que puedes volar por el inmenso cielo…

Otro aspecto importante que quiero comentar es la tendencia que tenemos a **reprimir nuestras emociones o también podemos denominarlo no exteriorizar las emociones**.

Podemos pensar que por cohibir nuestras emociones las estamos controlando y eso es un gran error, ¡no!

es un enorme error. No sirve para nada, para nada y, además, nos perjudica seriamente la salud.

Seguro que te vienen a la cabeza ocasiones en las que has tenido reacciones viscerales producidas por diferentes emociones que te han invadido, te has sentido desbordado y has pensado: "la próxima vez las ato en corto", es decir, las reprimes porque no sabes cómo tienes que manejarlas o no "sabes cómo bailar con ellas".

En el momento en que no estamos expresando esa emoción y la reprimimos, estamos bloqueando con ella toda la energía que contiene.

Y pensarás…ya se irá. Pues ¡no!,¡no! y ¡no! Lejos de irse se va acumulando en algún lugar de nuestro organismo al que va sobrecargando.

¿No recuerdas ese famoso principio que todos hemos aprendido en la escuela que dice: "*la energía no se crea ni se destruye, se transforma*"?. Es el principio de conservación de la energía. Tal vez a quien no recuerdes es al físico James Prescott que enunció dicho principio.

Amigo caminante…, lo mismo ocurre con **la energía de nuestras emociones reprimidas, no desaparece, se transforma y provoca en nosotros alteraciones orgánicas.**

Te voy a indicar alguna a ver si te suena: dolor muscular (en espalda, cervicales...), tics, irritaciones en la piel, dolores estomacales (inflamación, úlceras...), lumbalgias, bajada de defensas...

Por tanto, tu compromiso tiene que ser trabajar tus emociones, influir en ellas de manera saludable para evitar que tu cuerpo proteste por una mala gestión emocional.

Cada vez son más los centros de investigación que se dedican a contrastar estas afirmaciones.

Existen numerosos estudios científicos que ya avalan que las personas que disfrutan conscientemente de la vida y gozan de una saludable vida emocional se vuelven más creativas, innovadoras y gozan de relaciones sociales satisfactorias.

> *"Cuanto más abiertos estemos a nuestros propios sentimientos, mejor podremos leer los de los demás".*
>
> Daniel Goleman

No exteriorizando tus emociones te expones a varios problemas de los que, tal vez, no seas consciente y que son muy importantes :

- Si no expresas tus emociones, los demás no llegarán a conocerte, no sabrán cómo te sientes ante ciertas situaciones y no podrán cambiar su manera de actuar con respecto a ti. Si no te conocen no sabrás si te aceptan y si te comprenden.

- Si no expresas tus emociones, estás perdiendo la oportunidad de obtener lo que quieres –no pienses que los otros tienen que adivinar lo que necesitas-. Suele ser bastante común esta forma "mágica" de pensar.

- Si no expresas tus emociones, tu cuerpo lo notará. Ya sabes eso que hemos comentado de la energía que se transforma…

> *"No conseguirás conmover otros corazones si del corazón nada te sale".*
>
> Goethe

En el capítulo 4 "La palanca del cambio" ya te hablé de la importancia de la fisiología y la relación que tenía con nuestra mente. Y ahora te hablo de la importancia que tiene con nuestras emociones.

En ese capítulo, destaqué la importancia de la unión entre el cuerpo y la mente. El cuerpo es la vasija que nos contiene y todo lo que pasa en nuestro interior se refleja en nuestra maravillosa vasija.

No voy a extenderme más en este tema. En el siguiente libro lo trataré ampliamente. Es un tema muy interesante, desconocido y cautivador.

Te espero allí. ¡Te encantará!, y te clarificará algunos aspectos que puede que estés viviendo a nivel intuitivo.

Antes de acabar el capítulo, quiero mostrarte unos ejercicios que te ayudarán a influir en tus emociones. Puedes realizarlos en tu cuaderno personal **Tu camino empieza… ahora**.

EJERCICIO experiencial 1

1. Busca, en tu pasado reciente, una experiencia de la que no estás satisfecho por las emociones que te surgieron.

2. Contesta a estas preguntas:
- ¿Qué pasó?
- ¿Qué emociones experimenté?
- ¿Cómo actué?
- ¿Qué es lo que quería hacer?

3. Piensa cómo te hubiera gustado actuar.

4. Descubre qué emociones hubieras necesitado para actuar de esa manera.

5. Cuando ya hayas localizado todas las emociones que te hubieran ayudado en esa situación para que fuera satisfactoria, **imagínate en esa misma situación** en un futuro, con todas esas emociones que has descubierto en el apartado anterior y con la forma de actuar que te hubiera gustado.

6. Si las emociones que has descubierto son insuficientes para que quedes satisfecho, la próxima vez que te encuentres en esa situación o similar concreta alguna emoción más e imagínate en ese contexto.

7. Cuantas más veces te imagines en esas circunstancias, con las nuevas emociones incorporadas, más fácil te resultará actuar de esa manera cuando te encuentres en la situación. Tu mente, que es muy espabilada y aplicada, te ayudará a que salgas victorioso.

¡Al ataaaaaaaaaque…¡ ¡A practicar se ha dicho! Para variar…

EJERCICIO experiencial 2

En el ejercicio anterior, queríamos modificar una o varias emociones en una situación que ya había pasado. En este ejercicio nos vamos a anticipar a la emoción y la vamos a preparar.

1. Describe la situación en la que te vas a encontrar en un futuro próximo y que quieres preparar con antelación.

2. Piensa qué es lo que quieres conseguir en esa situación. Puede que estas preguntas te ayuden:

   - ¿Qué es lo que quiero?

   - ¿Para qué lo quiero?

   - ¿Cuál es mi intención?

   - ¿Qué pretendo en esta situación?

3. Piensa en las emociones que quieres que estén presentes en ese momento.

4. Imagina en tu mente cómo transcurrirá la situación. Incorpora todas las acciones y emociones. No te dejes ningún detalle. Cuanto más rica sea la visualización del momento más claro tendrá tu mente hacia dónde te tiene que dirigir y qué quieres conseguir.

Si estás pensando que esta es una situación ficticia y en la realidad todo será diferente, quiero que sepas que la mente no distingue entre la realidad y la ficción. Entrenando la mente desde una situación hipotética, estarás entrenándola para que, llegada la situación real, sepa actuar ante ella como tú quieres.

¿Te gusta el deporte? Seguro que te has fijado en lo que algunos atletas hacen antes de realizar su prueba. Los saltadores de altura, por ejemplo, se toman unos segundos en los que anticipan (visualizan) el salto perfecto antes de realizarlo. Incluso hacen movimientos con el cuerpo como si se dieran impulso previamente a empezar la carrera que les llevará al salto. Están enviando señales a su mente para que ese salto sea el que desean.

EJERCICIO experiencial 3

En este ejercicio vamos a buscar alternativas para expresar las emociones.

1. Identifica la emoción que no te deja satisfecho cuando la expresas en un contexto determinado.

2. Piensa qué es lo que quieres conseguir expresando la emoción de esa manera.

3. Imagina tres formas diferentes de manifestar esa emoción que te satisfagan plenamente y con ellas puedas conseguir lo que deseas.

4. Imagínate expresando tu intención con las otras formas que has pensado. Llena tu visión de detalles para que tu mente encuentre el camino que deseas.

Solo me queda una pequeña cosa por recordarte:

¡PRACTICAR, PRACTICAR Y PRACTICAR!

CULTIVA TUS EMOCIONES COMO EL JARDINERO CUIDA CON MIMO DE SU JARDÍN.

Amigo caminante, cuento contigo para el próximo capítulo. ¡Hasta pronto!

RESUMIENDO... **LAS EMOCIONES SON CONTAGIOSAS. ¿QUÉ VAS A HACER?**

- ✓ Darme cuenta de las **emociones** que **experimento**.

- ✓ Ser consciente de las **acciones** que realizo llevado por mis **emociones**.

- ✓ Descubrir los **"parches"** que mantengo en mi vida para no sentir.

- ✓ Darme cuenta de que soy **único** y muy **valioso**.

- ✓ Realizar los **ejercicios** del capítulo para ir moldeando mis emociones.

- ✓ Contestar las preguntas de mi cuaderno personal **Tu camino empieza... ahora**.

7

REFUERZA TU CRECIMIENTO

Nos volvemos a ver, amigo caminante, ¡Qué alegría! Tu constancia va a tener premio en este capítulo. ¡Te va a encantar!

Ya sé que también eres constante en la realización de tu cuaderno personal **Tu camino empieza... ahora**. Ese cuaderno es para ti "tu tesoro". En él, estás guardando aspectos muy íntimos de tu persona: pensamientos, inquietudes, emociones, deseos...que te están ayudando a avanzar en tu camino hacia tu descubrimiento personal.

Puede ser que todavía no hayas apuntado ninguna reflexión en él. ¿Qué te pasa?, ¿miedo?, ¿pereza?, ¿incredulidad?, ¿resistencia?... No es "tu momento", lo bueno es que él estará ahí esperándote para cuando tú estés preparado.

Como ya he dicho en alguna ocasión, cada uno de nosotros partimos de lugares diferentes, lo importante es decidirse a caminar y disfrutar del camino. No hay prisa en llegar a alguna parte. Solo disfrutar paso a paso.

Amigo caminante, con los capítulos anteriores ya has ido avanzando hacia tu conocimiento personal solo te queda **reforzar tu camino** con una dimensión muy importante: **EL AMOR.**

*"El camino hacia la propia felicidad
pasa por el otro."*

Mateo Andrés

No podemos dudar de que cada uno de nosotros somos lo que somos, tanto en cuanto los otros son parte de nosotros. El amor es una fuerza tan poderosa…que, a veces, le tenemos miedo.

*"Solía decir que hay muchos senderos que van
a la cima de la montaña, pero que solo existe
una cumbre: el amor".*

Enrique Mariscal

El popular fundador de la **"Ciudad de los muchachos",** el Padre Edward J. Flanagan (Irlanda), que se hizo famoso por la película *Forja de hombres,* dedicó su vida a cuidar a los niños huérfanos y pequeños criminales que la policía le entregaba. Bajo su tutela estos menores daban un vuelco a su vida y se convertían en personas con dignidad y futuro.

Ante el éxito que obtenía con los muchachos, muchos psicólogos, sociólogos… se interesaron por su forma de trabajar con ellos y ante las preguntas sobre sus métodos, él siempre respondía: **"YO CREO EN MIS NIÑOS".**

Y yo añado: él amaba a sus niños, los quería por quienes eran y no por lo que habían aprendido a ser o a hacer.

En nuestras relaciones, cada uno de nosotros, acabamos dando lo que recibimos y recibiendo lo que damos.

¡Vaya! Amigo caminante… Acabo de resumirte en dos líneas toda la esencia de este capítulo.

El amor es el pilar que nos sostiene para poder avanzar en nuestra vida, podremos encontrar dificultades - sin duda que las hallaremos- pero tenemos ese pilar para aguantarlas.

Necesitamos el amor como el aire que respiramos, sin él solo nos espera la muerte interior. El amor nos da la vida, igual que el oxígeno que respiramos.

El amor apuntala nuestra vida llena de inseguridades, miedos, decepciones... El amor nos sostiene, nos da energía y nos da fortaleza en nuestro camino.

Contamos con amores excepcionales que no miran nuestras debilidades sino nuestras fortalezas. El amor de una madre, el amor de un padre, el amor de un hermano, el amor de un amigo, el amor de tu pareja... y el amor del dios en el que crees.

Te invito a leer este fantástico cuento de Leo Buscaglia. Léelo con el corazón.

"Una niña salió de paseo con su mamá. En su camino halló una mariposa prendida en una zarza, agitando sus alas convulsas. Llena de ternura, la niña desprendió con todo cuidado a la mariposa y la echó a volar. Libre y sana, la mariposa se perdió en el cielo azul. Pero al poco rato, convertida en hada, volvió donde estaba la niña.

- Tú has sido conmigo una niña muy buena, -le dijo-. Yo quiero agradecer tu delicadeza concediéndote el deseo que más quieras. Dime:
- ¿cuál es tu mayor deseo?

La niña le dijo: - ¡quiero ser feliz!

La mariposa le susurró un secreto al oído y se fue volando.

Desde ese momento la niña empezó a ser otra, feliz. Nadie en el pueblo era tan feliz como aquella niña. La gente empezó a interesarse; y curiosa y picada le preguntaban continuamente cuál era el secreto. Pero la niña evadía siempre la respuesta con un enigmático: "es un secreto, el secreto del hada..."

Así llegó a anciana y seguía siendo la mujer más feliz del pueblo, una viejecita realmente feliz.

Temerosos de que muriera y se llevara el secreto a la tumba, los hombres del pueblo le insistían más que nunca para que les contaste el secreto. Al fin, un día, la viejecita sonriente accedió a descubrírselo.

Lo que el hada me susurró, -les dijo- es muy sencillo, pero para mí ha sido, a lo largo de toda mi vida, el secreto de mi felicidad.

*Aunque los hombres parezcan autosuficientes, me dijo, **no lo creas. Todos necesitan de ti.***

Yo he vivido siempre con la seguridad de que todos necesitaban de mí; me he dado a ellos, y eso me ha hecho feliz".

Amigo caminante…**¡Todos necesitan de ti. Todos necesitan tu amor!** ¿Qué vas a hacer? ¿Se lo darás? ¿Se lo negarás?...

La cocinera necesita que le alaben sus platos. La actriz necesita que aplaudan su interpretación. El médico necesita que le agradezcan sus cuidados. El albañil necesita que reconozcan sus días de calor y sus días de viento y frío. El padre o la madre necesita que su hijo le demuestre su cariño. La persona que comparte tu vida necesita que le reconozcas sus detalles de amor.

¡TODOS NECESITAMOS AMOR!

"Se deben tomar riesgos porque el mayor riesgo en la vida es no arriesgar nada. La persona que no arriesga nada no hace nada, no tiene nada, no es nada y se convierte en nada. Puede evitar el sufrimiento y el dolor, pero simplemente no puede aprender y sentir y cambiar y crecer y amar y vivir".

Leo Buscaglia

Déjame, amigo caminante, que te siga hablando de este tema tan sumamente importante. Hay ciertas cuestiones que no quiero dejarme en el tintero.

Me refiero a ese hábito que tenemos tan enraizado en nuestro ser como es el **juzgar al otro**. Juzgarlo desde nuestro punto de vista. Juzgarlo desde nuestros gustos. Juzgarlo desde nuestros deseos. Juzgarlo desde nuestras ilusiones. Juzgarlo desde nuestra experiencia. Juzgarlo desde…

El juzgar es un proceso en el que empezamos incluyendo al otro y el remolino que creamos acaba por incluirnos a nosotros mismos. Nos arrastra y no nos deja ver. Hace daño al otro pero también nos hace daño a nosotros mismos.

"Namasté" es una palabra, en concreto, es un saludo. Esta palabra proviene del sánscrito, una lengua originaria del norte de la India con 3500 años, aproximadamente, de antigüedad. Los practicantes de yoga la conocen bien.

Namasté es como un ¡Hola! o ¡adiós! en castellano, pero con una profundidad enorme. Viene a significar: *"Te reverencio a ti"* o *"me inclino ante ti"*.

Dándole un significado más amplio vendría a significar: *"Veo el bien en ti"*. Y la respuesta a namasté es: **"Pranam"** que dándole ese amplio significado se traduciría por: *"Si es así, lo mejor de mí te saluda"*.

¡Qué bello saludo! Amigo caminante… te saludo: "namasté".

En la vida lo que damos es lo que recibimos, se nos devuelve como nuestro eco.

"¿Por qué exigimos al otro lo que nosotros no le damos? Ingenuamente nos arrogamos el derecho de exigir lo que no nos tomamos la responsabilidad de dar".

Mateo Andrés

Por si no lo conoces, te ofrezco este cuento titulado "El eco" de autor desconocido pero que lleva ya mucho tiempo circulando por el mundo y más ahora con las redes sociales.

"EL ECO"

"Un hijo y su padre, estaban caminando por las montañas. De repente, el hijo tropezó, se lastimó y gritó: -¡AHHHHHHHH!

Para su sorpresa oyó una voz repitiendo en algún lugar de la montaña: -¡AHHHHHHHH!

Con curiosidad el niño gritó: - ¿Quién está allí?

Recibió una respuesta: - ¿Quién está allí?

Enojado con la respuesta, el niño gritó: - ¡Cobarde!

El niño miró a su padre y le preguntó: - ¿Qué sucede?

El padre sonrió y le dijo: -Hijo mío, presta atención.

Y entonces el padre gritó a la montaña: - ¡Te admiro!

Y la voz le respondió: - ¡Te admiro!

De nuevo, el hombre gritó: - ¡Eres un campeón!

Y la voz le respondió: - ¡Eres un campeón!

*El niño estaba asombrado, pero no entendía. El padre le explicó: - **La gente lo llama eco, pero en realidad es la vida.***

Te devuelve todo lo que dices o haces. Nuestra vida es simplemente un reflejo de nuestras acciones".

Amigo caminante, ya te lo he dicho antes pero déjame que insista. **Tu felicidad pasa por descubrir el arte de amar, pasa por amar a los OTROS. Tu felicidad pasa por DAR sin esperar recibir.**

No quiero dejar de citar a Kierkegard:

"La puerta de la felicidad se abre hacia dentro".

Cuanto más empujes hacia fuera para abrirla, más la cierras.

"Ámate a ti mismo, acéptate, perdónate a ti mismo y sé bueno contigo mismo, porque sin ti el resto de nosotros no tenemos una fuente de muchas cosas maravillosas".

Leo Buscaglia

¡Uy! ¡Esto se acaba! ¡Qué rápido ha pasado!

Me queda para ti un último regalo y te lo voy a dar en el siguiente capítulo. ¡Para ti!, ¡solo para ti!

Antes de dejarte quiero recordarte una cosa:

¡AMA, AMA y AMA! ¡AMA COMO TÚ SOLO SA-BES, ENTREGÁNDOLO TODO!

RESUMIENDO... **EL AMOR REFUERZA TU CRECIMIENTO.**

¿QUÉ VAS A HACER?

✓ Creer firmemente que **el amor apuntala mi vida**.

✓ Revisar qué es lo que estoy **dando** porque es lo que **recibiré**.

✓ Vivir desde la creencia de que **todos necesitan de mí**.

✓ Comprender, desde el corazón, que mi felicidad pasa por **dar sin esperar recibir**.

✓ Contestar las preguntas de mi cuaderno personal **Tu camino empieza... ahora**

8

TU CAPÍTULO

Amigo caminante, aquí tienes mi regalo. ¿Esperabas otra cosa? Conociéndome como ya me conoces, - llevamos todo el libro juntos- no podía ser de otra manera.

¡Disfrútalo! Esconde una gran sabiduría.

"*Un caballero llevaba ya veinte años en una prisión húmeda, oscura, de gruesos muros de piedra y fuertes barrotes de hierro. Cada mañana el carcelero, silencioso y rudo venía al salir el sol, abría la mohosa y chirriante puerta de hierro, dejaba al prisionero una escudilla de comida, volvía a cerrar la puerta y se alejaba hasta el día siguiente. Y así veinte larguísimos años.*

Pero un día, ocurrencia extraña, al prisionero le vino la idea de tantear la puerta. Estaba abierta, ¡abierta!

Loco de alegría, el prisionero escapó corriendo al aire puro, al sol, a la libertad.

Poco después se enteró, ya libre, de que la puerta de la prisión había estado abierta siempre, durante sus veinte años de encarcelamiento. Pero a él nunca se le había ocurrido tantearla, y así había perdido lo mejor de sus años en una mazmorra fétida y hedionda, por falta de reflexión".

Mateo Andrés

Es hora de colaborar, yo he empezado el capítulo, me gustaría que lo acabaras tú... ¿Qué me dices? Después de este magnifico cuento te lo he puesto fácil.

TERCERA PARTE

TU CAMINO COMIENZA... AHORA

9

TU CAMINO COMIENZA...
AHORA

> *"El camino de la montaña, como el de la vida, no se recorre con las piernas sino con el corazón".*
>
> Andrés Nadal

Amigo caminante, este cuaderno está pensado para que vayas reflexionando sobre los diferentes ejercicios y sugerencias que te voy dando a lo largo del libro. Considero que te puede resultar práctico porque tendrás todo **TU CAMINO** recopilado en un solo lugar y podrás volver a leerlo tantas veces como quieras, sin tener que buscar las reflexiones en las diferentes páginas de los capítulos.

QUIERO QUE ME CONOZCAS. VOY A PRESENTARME. TE CUENTO...

- ¿Con qué "**baches**" te has encontrado en tu camino?

- ¿Qué has **pensado**? ¿Cómo te has **sentido**? ¿Cómo lo has **vivido**?

- ¿Has superado tu dificultad? ¿Cómo?

- ¿Qué has aprendido en este proceso?

1

¿QUÉ VAS A HACER?

- En este momento de tu vida, ¿qué significa **VIVIR** con mayúsculas?

- ¿Qué te **impide** VIVIR?

- ¿Te atreves a **arrancar** HOY **tu estaca**?

2

LO QUE MARCA LA DIFERENCIA

- Cuando te **enfadas**, ¿piensas cuál ha sido el detonante? ¿Cuál ha sido el **motivo?** ¿A quién le echas la **culpa**? ¿A algo o a alguien o a ti mismo?

- ¿Has tenido alguna vez algún **pensamiento destructivo**?¿Te has dejado arrastrar por él?

- Tal vez, ante una situación que tú no entendías, has emitido **un juicio** … ¿Sabes el porqué?

3

SOMOS CREADORES DE NUESTRA REALIDAD

- ¿Por qué **realidad caminas**?

- ¿En qué **realidad vives**?

- ¿Qué **sensaciones** tiene tu cuerpo?

- ¿Qué **pensamientos** rondan por tu cabeza?

- ¿Qué **sentimientos** alberga tu corazón?

- ¿En qué **dirección** quieres caminar a partir de ahora?

4

LA PALANCA DEL CAMBIO

Ejercicio experiencial 1

- ¿Has notado los cambios al concentrarte en situaciones diferentes? Explícalo.

Ejercicio experiencial 2

- Postura corporal. ¿Te ha funcionado? Explícalo.

Ejercicio experiencial 3

- Respiración. ¿Cómo te has sentido después de realizar el ejercicio?

5

LA VOZ INTERIOR

EJERCICIO experiencial 1.

- Escribe palabras o frases de tu diálogo interno.

- Clasifica tus pensamientos en cada columna.

Neutros	Positivos	Negativos

- Haz el **"cambiazo"**.

Neutros	Positivos	+ Positivos

EJERCICIO experiencial 2.

- Palabra para detener el pensamiento negativo.

- Describe la experiencia positiva que quieres revivir.

EJERCICIO experiencial 3

- ¿Cuáles son tus mejores cualidades?

- ¿Cuáles son tus fortalezas?

- ¿En qué eres muy bueno?

- ¿Qué destacan los demás de ti?

- ¿Cuántos éxitos has tenido ya en tu vida?

- ¿En qué puedes manifestar lo mejor de ti?

- ¿Quiénes te quieren?

- ¿Por qué te quieren?

- ¿Qué supone para ti su amor?

6

¡EMOCIÓNATE!

EJERCICIO experiencial 1

Busca una experiencia de la que no estés satisfecho por las emociones que te surgieron.

- ¿Qué pasó?

- ¿Qué emociones experimentaste?

- ¿Cómo actuaste?

- ¿Qué es lo que querías hacer?

EJERCICIO experiencial 2.

- Describe la situación que quieres preparar con antelación.

- ¿Qué es lo que quieres?

- ¿Para qué lo quieres?

- ¿Cuál es tu intención?

- ¿Qué pretendes en esta situación?

- Emociones que quieres que estén presentes en ese momento.

- Imagina en tu mente cómo transcurrirá la situación.

EJERCICIO experiencial 3

- Identifica la emoción que no te deja satisfecho.

- ¿Qué es lo que quieres conseguir expresando la emoción de esa manera.

- Tres formas diferentes de manifestar esa emoción que te satisfagan y puedas conseguir lo que deseas.

- Imagínate expresando tu intención con las otras formas que has imaginado.

¡GRACIAS!

Amigo caminante,

GRACIAS por **ACARICIAR tu MUNDO** a través de este libro.

GRACIAS por salir de la comodidad y no dejar que "tu mundo" siga igual. Recuerda siempre que **eres la persona más importante del mundo**.

¡Vive despierto! Te mereces mucho más de lo que ahora estás viviendo, lo más importante para ti es tu crecimiento personal.

TIENES MUCHAS COSAS QUE OFRECER AL MUNDO Y EL MUNDO LO ESTÁ ESPERANDO DE TI.

A través de tu cambio, muchas personas podrán crecer como tú lo has hecho. Piensa que **"el camino de la felicidad pasa por el otro"** y a través de tu felicidad, todas esas personas que conecten contigo descubrirán que son capaces de **VIVIR** un vida plena como tú les estarás mostrando.

GRACIAS por ser constante en la lectura del libro -si estás leyendo esto es porque has llegado hasta el final-. Deseo de todo corazón que haya sido un estímulo para tu crecimiento personal. Pero ten presente que has de **pasar a la acción**, es decir, **practicar y practicar** si realmente quieres que tus deseos de cambio se hagan realidad.

GRACIAS por seguir conmigo hasta el final del libro, significa mucho para mí. Quiere decir que mi deseo de que las personas podemos cambiar para cambiar el mundo y ser felices se ha hecho real en ti. **Estás a un paso de transformar la realidad** de otras muchas personas que confían en ti.

¡GRACIAS!

"*Noble y gracioso movimiento el del pie
o de la mano*
que remueven el obstáculo
puesto por la naturaleza o por los hombres
en medio del camino:
desde la corteza de fruta que resbala,
*hasta la rama de espino que desgarra las
carnes;*
desde el guijarro puntiagudo,
hasta las lianas que cierran los senderos.

Qué alegre, que ágil marcha
el que va apartando de los caminos
y las veredas
todo lo que es impedimento y obstáculo
para la marcha de los otros.

Cantando va el peregrino,
sin sentir recorre las rutas,
*y al atardecer se da cuenta, con jubilosa
sorpresa,*
de que al apartar y remover
los obstáculos que entorpecían
los caminos de los otros,
*él despejó maravillosamente su propio
camino*"

Amado Nervo

"FLASH" INFORMATIVO... de mi siguiente libro.

Amigo caminante, doy por supuesto que te quedas con ganas de seguir tu proceso de crecimiento personal.

¡No hay nada por lo que preocuparse! ¡Estás de suerte!

Quiero que sepas que puedes continuar tu camino de transformación con el siguiente libro de la trilogía ***ACARICIA TU MUNDO.***

Este segundo libro está dedicado exclusivamente a **los secretos que encierra la comunicación.**

En él, **te ofrezco pistas y claves** para que las relaciones que establezcas con los demás a nivel comunicativo **te ayuden a crecer personalmente** y ayuden también en su desarrollo a los que se relacionan contigo.

Puede que te resulte extraño, pero nuestra felicidad depende en gran medida de saber comunicarnos adecuadamente y en palabras de Daniel Goleman te digo: ***"Si no tienes empatía y relaciones persona-***

les efectivas, no importa lo inteligente que seas, no vas a llegar muy lejos".

¡No lo dudes! ¡Te espero en el siguiente libro!

INVITACIÓN

Antes de despedirme, quiero invitarte a que **COM-PARTAS** todo lo que has aprendido y vivido con la lectura de este libro con todas esas personas que conoces.

Puede que no estén en el mismo proceso personal que tú, ya sabemos que cada uno de nosotros partimos de lugares diferentes y que lo importante es caminar, avanzar.

¡Quién sabe cuánto les puede ayudar este libro en su camino personal! ¡Compártelo! Cuantos más caminantes creamos en la posibilidad de que podemos ser plenamente felices, mejor que mejor.

¡COMPARTE tu nueva realidad!

¡CUÉNTAME QUÉ TE HA PARECIDO EL LIBRO!

Me gustaría contar con tu opinión.

¿Qué te ha parecido? ¿Lo has notado cercano?¿Te ha resultado ameno?

Pretendo que, quien lo tenga en sus manos, pueda decir que lo ha sentido como propio y dirigido especialmente a él.

Aunque, sobretodo, me interesa saber si te ha ayudado en tu crecimiento personal. ¿En qué aspectos te ha ayudado más. **¡Cuéntame tu experiencia personal de crecimiento!**

¡GRACIAS!

Si no tienes inconveniente en salir en las redes sociales, puedes enviarme una foto con el libro. Si no es así, envíame solamente tu experiencia al siguiente email:

esperanzasebastianlozano@gmail.com

¡QUÉ ME CUENTAS! TE CUENTO UN CUENTO...

Como habrás podido observar, a lo largo de este tu libro te has ido encontrando, en los distintos capítulos, con diversos cuentos.

Ya puedes pensar que **soy "una cuentista"** de mucho cuidado.

Quiero explicarte por qué incluyo los cuentos en el libro.

Los cuentos y las leyendas, desde tiempo inmemorial, han sido el **método de enseñanza por excelencia**. Mucho antes de que se pusieran por escrito ya se extendían por el mundo sus enseñanzas de forma oral.

Muchas religiones y tradiciones espirituales lo han utilizado para transmitir grandes conocimientos y profundas verdades.

El lenguaje sutil que se utiliza en los cuentos **nos traslada**, sin darnos cuenta, **a nuestro interior** y nos da a **saborear** la sabiduría de la vida, del mundo, de la naturaleza, del ser humano…

¡Espero que hayas disfrutado de cada uno de ellos!

Y ADEMÁS...

Lain García Calvo es el autor de la saga *LA VOZ DE TU ALMA.* Es el líder más influyente en el campo del Crecimiento Personal, Espiritual y Económico del mundo en habla hispana.

Fundador del evento **¡VUÉLVETE IMPARABLE!,** al que acuden personas de más de 20 países diferentes.

El mensaje de Lain es auténtico: *"Encuentra tu **propósito de vida** y ponlo al servicio de la humanidad. Vinimos aquí para ayudar a los demás, pero para ello, primero debemos ayudarnos a nosotros mismos. Hazte **grande**, ensánchate, atrévete a **brillar**; y cuando estés arriba ayuda a tus hermanos a subir".*

Yo ya tenía claro mi propósito de vida, pero él fue quien me dio el "empujoncito" para ponerlo al servicio de la humanidad. Gracias a él, tienes entre tus manos este libro que acabas de leer y los otros dos restantes que forman la trilogía **ACARICIA TU MUNDO.** Te estoy dando lo mejor de mí para ayudarte a subir.

Creo que se ha cumplido en mí el proverbio Zen: **"Cuando el alumno está preparado, aparece el maestro".**

¡Gracias Lain, por hacer posibles mis sueños!

SÍGUEME EN MIS REDES SOCIALES:

 www.esperanzasebastian.com

 esperanzasebastianlozano@gmail.com

 Esperanza Sebastián Lozano

 Esperanza Sebastian- Acaricia tu mundo

 esperanzasebastianlozano